내가 옳고,
네가 틀려!

내가 옳고,
네가 틀려!

I'm Right
You're Wrong

티머시 윌리엄슨

하윤숙 옮김

곰출판

철학이 삶을
더 나은 것으로 만들어줄까?

이 책은 기차에서 만난 네 사람이 나누는 가상 대화를 기록하고 있다. 독자는 이들의 대화를 엿듣는 다섯 번째 승객 정도가 될 것이다. 이들의 대화는 담장이 왜 무너졌는가 하는 일상적인 내용으로 시작되지만 점차 여러 주제로 옮겨가며, 그중에는 과학과 마법, 확실성과 의심, 앎과 무지, 진실과 거짓, 선과 악, 절대적인 것과 상대적인 것 등 '철학적' 주제라고 일컬을 만한 것들이 많이 들어 있다.

여러분이 젊든 나이가 들었든 철학을 공부한 적이 없어도, 심지어는 한 번도 접해본 적이 없어도 이 책에 나오는 네 사람의 말을 이해할 수 있을 것이다. 이 네 사람은 서로 잘 알지 못하기 때문에 애초에 어떤 공감대도 없었다. 그래서 자기 말이 무슨 의미인지 상세히 설명해야 했고, 당연한 일인 양 그냥 넘어가는 법이 없었다.

여러분은 그들이 하는 이야기를 주의 깊게 듣고 그 내용에 대해 생각하는 능력만 갖고 있으면 된다.

네 승객은 견해 차이를 자주 드러내며 더러 예의 바르지 않은 모습도 보인다. 책 제목 '내가 옳고, 네가 틀려!'가 말해주듯, 그들은 서로의 견해 차이가 견고하다는 것 그리고 때로는 해결할 수 없는 견해 차이를 보이고 있다는 것을 발견한다. 심지어는 견해 차이 여부를 판단하는 데에도 견해 차이를 보인다. 서로 입장이 다를 때 이는 정말로 한쪽이 옳고 다른 쪽이 틀렸다는 뜻일까, 아니면 각자 자기 입장에서는 옳다는 것뿐일까? 어느 한쪽만이 옳다면 우리는 어느 쪽이 옳은지 어떻게 알 수 있을까? 상대방에게 그가 틀렸다는 것을 어떻게 설득할 수 있을까? 이는 철학자들이 즐겨 논하는 물음이다.

그리하여 우리는 그러한 추상적 물음을 논한다는 게 어떤 것인지 알게 되는 한편, 일상의 구체적 물음에서 한 걸음씩 나아가다 보면 아주 자연스럽게 추상적 토론으로 들어가게 된다는 배움도 얻는다. 철학은 일상생활과 동떨어져 있지 않다. 철학을 배우기 시작하는 사람들은 그동안 '철학적'이라고 여기지 않은 채 실은 철학적 물음들을 생각하고 이야기해왔다는 사실을 종종 깨닫곤 한다.

철학이 여러분 삶을 더 나은 것으로 만들어줄까? 철학은 여러분이 복권에 당첨되도록 도와주지 않으며 미래를 예측하는 데도 별

도움을 주지 않는다. 철학은 부자가 되거나 백 살까지 사는 방법을 알려주지도 않는다. 소위 철학자라면서 그런 것을 약속하는 사람은 사기꾼이다. 하지만 철학은 여러분이 살아가는 동안 겪게 될 문제를 보다 명확하고 주의 깊게 생각하도록 돕고, 여러분이 어떠한 가정 때문에 그러한 문제에 봉착하게 되었는지 질문을 던질 수 있도록 해준다.

실제로 대다수 사람은 생활 속에서 심한 견해 차이를 경험한다. 사실 우리 모두가 살아가는 세상에는 보다 큰 규모, 즉 국가·사회·문화·정당·종교·세대 등 갖가지 집단 간의 견해 차이가 드리워져 있어서 심각한 의견 대립을 보일 뿐만 아니라 심지어는 살인이나 전쟁으로까지 이어지는 일도 있다. 그러한 입장 차이는 그것을 어떻게 이해할 것인가 하는 이론적 문제를 제기하는 데 그치지 않고 어떻게 평화롭게 문제를 해결할 것인가 하는 현실적 문제를 제기한다. 상대방을 말로 공격하는 일과 물리적으로 공격하는 일 사이에는 얼마나 큰 차이가 있는가? 이론적 문제와 현실적 문제가 같을 수는 없지만 둘 사이에는 상호 연관성이 있다.

개인 또는 집단 간에 생기는 견해 차이의 본질을 잘못 이해할 경우 서로를 오해할 수 있고 이러한 오해는 자칫 갈등으로 이어진다. 예를 들어 상대는 우리와 다른 차이점이 있는데 우리가 이런 차이점들을 존중하지 않는다고 느낄 수도 있다. 이 책이 의견 조정자를 위한 매뉴얼은 아니지만, 조정 작업이 직면한 어려움 속에는 정말

뿌리 깊은 문제도 들어 있음을 깨닫게 해줄 것이다. 두 입장의 차이를 중재하려는 피상적인 시도는 어느 쪽 입장도 충분히 진지하게 받아들이지 않는 것이기 때문이다.

또한 철학은 보다 직접적으로 여러분 삶을 좀 더 나은 것으로 만들어주는 힘이 있다. 열심히 그리고 잘 생각하는 일은 삶을 보다 살 만한 것으로 만드는 일 중 하나이기 때문이다. 시각·청각·미각·촉각·후각 등과 마찬가지로 관념도 맛보고 음미할 수 있다. 관념을 갖고 노는 일은 장난감이나 게임을 갖고 노는 일 못지않게 큰 만족과 즐거움을 안겨주기도 한다. 이 책은 독자 여러분이 충분히 갖고 놀며 즐길 만하다.

이 책이 한국어로 번역되어 보다 많은 한국 독자에게 읽힐 수 있게 되었다는 소식을 듣고 정말 기뻤다. 2013년 12월 서울대학교에서 몇 차례 강연을 했을 때, 영국 철학자와 한국 철학자가 유익한 대화를 나누는 데 두 국가의 문화적 차이가 아무 걸림돌이 되지 않는다는 것을 깨달은 바 있다. 이 책도 한국의 상황에서 이야기할 만한 유익한 거리를 제공할 수 있기를 희망한다.

2015년 7월

옥스퍼드에서

티머시 윌리엄슨

차례

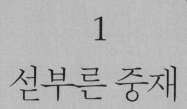

1
섣부른 중재

내 입장도 옳고, 네 입장도 그르지 않다

모든 것은 상대적인가?

세라: 자리에 앉으면 불만 사항을 바로 이메일로 보내야겠어. 앞장서서 나서는 사람이 없으면 아무것도 나아지질 않아. '이 기차의 승객 과밀 상태는 수치스러운 일이며…… 승객 수를 예측하기 위해 과학적 접근이 필요합니다.' 아, 자리가 났네. 밥! 너랑 같은 기차를 타다니, 정말 반갑다!

밥: 안녕, 세라.

세라: 정말 오랜만이다. 그런데 네 다리가 왜 그래! 밥, 어떻게 된 거야?

밥: 우리 집 담장이 무너졌어. 담벼락 옆에서 알뿌리를 심고 있었는데 내 다리 위로 담이 허물어졌지 뭐야. 몇 달 동안 깁스를 하고 있어야 한대.

세라: 어떡하니, 안됐다.

밥: 난 정원에 잘 나가지도 않는데 마침 내가 나갔을 때 담이 무너진 거지.

세라: 그래, 운이 정말 나빴네.

밥: 운의 문제가 아니었어.

세라: 무슨 얘기야?

밥: 우리 옆집에 사는 할머니 기억해? 요즘 들어 계속 사나운 눈초리로 날 쳐다보았거든.

세라: 네 오해일 거야. 내가 보기에는 좋은 분 같았어. 자선 모금하러 갈 때마다 늘 기부금도 주셨지. 그건 그렇고 그 할머니가 너네 집 담장이랑 무슨 상관이야?

밥: 넌 아마 상상도 못할걸.

세라: 대체 무슨 말을 하려는 건데?

밥: 그 할머니는 늘 나를 못마땅하게 여겼어. 마침 내가 거기 있을 때 담장이 무너졌으니 아주 쉬웠을 거야.

세라: 할머니가 네 위로 담장을 밀어서 넘어뜨렸다는 뜻은 아니지? 할머니가 그랬을 거라고는 상상할 수 없어. 그러기에는 할머니 몸집도 작고 너무 약해.

밥: 할머니가 담장을 밀어서 넘어뜨렸다는 뜻이 아니야.

세라: 그럼 무슨 뜻인데?

밥: 할머니가 혼잣말하는 걸 봤어.

세라: 누구나 혼잣말할 때가 있어.

밥: 보통 하는 혼잣말이 아니었어. 할머니의 혼잣말에는 목적이 있었어.

세라: 할머니가 뭐라고 했는데?

밥: 무슨 소리인지 듣지는 못했어. 하지만 좋은 이야기는 아니었지.

세라: 뭔 소리를 하는 건지 도통 모르겠다.

밥: 담장이 무너졌을 때 할머니는 급히 자기 집 정원으로 나와서 살펴보더라고. 마치 담장이 내 위로 넘어졌는지 확인하려는 것 같았어. 물론 겉으로는 걱정하는 척했지. 할머니는 응급차를 불러야 했어. 그러지 않았다면 너무도 뻔히 드러났을 테니까.

세라: 거봐. 너도 방금 인정했잖아. 담장이 넘어졌을 때 할머니는 집 안에 계셨다며. 분명 큰 소리가 났을 테고, 무슨 일인가 싶어 누구라도 밖으로 뛰쳐나왔겠지. 할머니도 너만큼이나 놀랐을 거야.

밥: 얼마간 떨어진 거리에서도 담장을 넘어뜨릴 수 있는 몇 가지 방법이 있어.

세라: 다이너마이트 말이야? 말도 안 돼.

밥: 말로도 할 수 있어. 강력한 말로.

세라: 할머니가 다른 누군가한테 담장을 밀어 넘어뜨리라고 시켰을 수도 있지. 하지만 그랬다면 공범을 보았겠지.

밥: 다른 방식으로 힘을 미치는 말도 있지.

세라: 무슨 주문 이야기라도 하는 것 같다!

밥: 맞아. 그 얘기를 하는 거야.

세라: 야, 밥. 지금은 21세기야. 그런 게 없다는 걸 우리 모두 알

고 있어. 난 분명 그럴 리가 없다고 확신하지만 설령 이웃 할머니가 너네 정원 담장에 주문을 걸려고 생각했더라도 실제 담장이 무너진 원인과는 아무 상관이 없어.

밥: 그럼 원인이 뭔데?

세라: 담장은 얼마 전부터 꽤나 헐어 보였어. 위쪽 타일들도 상태가 좋지 않았고. 그러니 빗물이 그 사이로 들어가서 담장 안쪽이 축축하게 젖어 있었을 거야. 여기저기 모르타르가 떨어진 곳도 많았고. 어차피 조만간 무너질 거였다고.

밥: 그렇다고 쳐도 왜 내가 옆에서 알뿌리를 심는 그 순간에 딱 맞춰 무너진 거냐고? 설명해봐.

세라: 담장이 왜 그때 넘어졌는지, 완벽하고도 자연스러운 과학적 설명이 있을 거야. 붕괴가 일어나는 일반적인 물리적 과정을 거쳐 담장이 무너질 시점에 도달했던 거지. 네게는 불운한 일이지만 순전히 우연의 일치로 그 결정적인 순간에 네가 알뿌리를 심으러 나갔던 거야.

밥: '우연의 일치'라고! 그다지 대단한 설명은 아니군.

세라: 미세한 초기 조건들을 아주 세세한 부분까지 모두 알 수 있다면 그럴 수도 있지.

밥: 그게 무슨 뜻이야?

세라: 너네 집 담장과 너의 뇌를 구성하는 모든 입자와 거기 작용하는 힘의 장들, 그리고 붕괴 직전 주변 환경에 대한 설명을 말

담장은 내가 바로 옆에 있을 때 무너졌어.
두 가지 일이 정확히 같은 시간에 일어난 이유를
설명할 수 있는 건 과학이 아니라 마법이야.

하는 거야. 이 모든 사항과 더불어 물리 법칙들을 안다면 그 두 가지 일이 왜 동시에 일어났는지 과학적으로 설명할 수 있겠지. 완벽하게 밝혀지는 거야.

밥: 과학으로 우연의 일치를 설명할 수 있다고 말하기는 쉽지. 하지만 넌 사실상 과학적 설명을 내놓은 게 없어. 과학적 설명이 가능하다고 그냥 주장하는 거지.

세라: 말도 안 돼! 너네 정원 담장이 무너진 이유를 설명하려고 세상 모든 과학을 끌어모을 작정은 아니지? 난 독단적으로 밀어붙일 생각은 없지만, 원칙적으로 과학적 설명이 가능하다는 걸 의심할 이유는 없어.

밥: 날더러 의심하지 말고 그냥 믿으라는 거야? 저기 있잖아, 네가 언제나 가장 잘 아는 건 아니야. 난 너한테 설명을 내놓고 있잖아. (너무 큰 소리로 말해서는 안 되지.) 옆집 할머니는 마녀야. 언제나 날 싫어했지. 우리 집 담장에 마법을 건 거야. 내가 담장 바로 옆에 있을 때 담장이 무너지도록 주문을 걸어놓았겠지. 우연의 일치가 아니었던 거야. 원자가 어떻고 분자가 어떻고 하는 대단한 과학적

설명이 있다고 해도 그건 어디까지나 전문적 세부 설명일 뿐이야. 두 가지 일이 정확하게 같은 시간에 일어난 이유는 밝혀내지 못해. 유일하게 그 이유를 이해할 수 있는 설명은 마법뿐이라고.

세라: 옆집 할머니가 무슨 말인가 중얼거린 뒤 그로 인해 어떻게 담장이 무너졌는지에 대해서는 넌 아무것도 설명하지 않았잖아.

밥: 마법이 어떻게 작용하는지 누가 알겠어? 무슨 마법을 부렸든 내가 바로 옆에 있을 때 마침 담장이 무너진 것은 그 늙은 할망구가 내게 품은 악의로 다 설명이 돼. 어쨌든 내가 알뿌리를 심겠다고 마음먹은 일이 어떻게 실제로 내 다리를 움직이게 하고 정원에 나가게 만든 건지 넌 설명 못해.

세라: 과학자들이 그런 걸 설명하는 건 시간문제야. 지난 몇 년 동안 뇌 과학은 엄청난 발전을 해왔고 뇌와 신경계가 어떻게 작동하는지 밝혀내는 중이거든.

밥: 현대 과학에 대한 믿음이 있으니 그렇게 말하겠지. 장담하는데 전문 마법사들은 주문이 어떻게 작동되는지 벌써 설명하고도 남았을 거야. 다만 그들이 아는 걸 널리 말하지 않을 뿐이지. 너무 위험하니까. 내가 마법보다 현대 과학을 신뢰해야 하는 이유가 어디 있냐고?

세라: 현대 과학을 뒷받침하는 증거들을 생각해봐. 증거는 아주 많은 것을 설명해주지. 마법이 통한다는 걸 뒷받침하는 증거로는 뭐가 있는데?

밥: 일단은 우리 집 담장 사건.

세라: 아니, 난 엄밀한 증거를 말하는 거야. 통계적으로 의미 있는 갖가지 대조 실험 결과와 그 밖에 신뢰할 만한 자료, 그러니까 과학이 내놓는 것들 말이야.

밥: 너도 알 거야. 과거에 마녀들이 얼마나 박해를 받았는지. 물론 정당한 처벌도 있긴 했지. 숱한 마녀들이 고문을 당하고 화형에 처해졌어. 법정에서 증거가 될 만한 일을 해서 자기들 힘을 너무 분명히 드러내면 또다시 그런 일이 일어날 수도 있어. 그들이 또다시 그런 덫에 걸려들까? 어쨌든 과학계에서는 마법이 그다지 인기가 없어. 실제로 마법이 통하는지 실험으로 알아보는 등 마법을 진지하게 받아들여 연구를 추진한다면 학문적 명성이 위태로워질지도 모르는데, 그런 위험을 감수할 과학자가 몇 명이나 되겠어?

세라: 현대 과학으로 인류는 달 착륙까지 이루어냈어. 여기에 비슷하게나마 견줄 만한 일을 마법에서 해낸 적 있어?

밥: 모두가 알다시피 인간이 달에 착륙했다고 주장하는 그 필름은 지구 어딘가 스튜디오에서 찍은 거야. 그렇게 절감한 돈은 군비로 들어갔고. 어떻든 마법이 여자를 달에 착륙시킨 적 없다고 말하는 사람 있어? 그런 적 없다고 가정하는 것이 이른바 지식층에서 말하는 '선결문제 요구의 오류' 아니야?

세라: 내가 이런 대화를 하고 있다니 말도 안 돼. 현대 과학 이론을 뒷받침하는 증거들이 과학 잡지에 가득하다는 걸 정말로 부인

하는 거야? 그 모든 것들이 바로 마법을 부정하는 증거 아니야?

밥: 소위 말하는 그 증거들 중에 진짜가 얼마나 되는지 우리가 어떻게 알겠어? 과학자들이 결과를 허위로 속인 부정이 최근에도 많이 있었어. 다들 알다시피 발각된 사람은 빙산의 일각일 뿐이야.

세라: 정 그렇다면 네 주위에 있는 훌륭한 테크놀로지를 봐. 넌 지금 기차에 타고 있고, 그러고 보니 노트북과 휴대폰도 갖고 있네. 이런 기술 속에 담긴 과학을 생각해봐. 이런 기기들이 마법으로 작동된다는 소리를 하려는 건 아니지?

밥: 나름 훌륭한 현대 과학과 테크놀로지가 많지. 나 역시 감사히 응급차를 이용하지, 빗자루를 타고 병원에 가지는 않아. 그렇다고 해서 현대 과학이 모든 걸 설명한다는 의미는 아니지.

세라: 그 모든 현대 과학이 나름 훌륭하다면, 내 말대로 그것을 뒷받침하는 증거가 곧 마법을 부정하는 증거 아니야?

밥: 이유를 모르겠네. 네 얘기를 들어보면 마법이란 없다고 현대 과학이 암시라도 한다고 생각하는 것 같아. 왜 그렇게 확신하는 거야? 내가 아는 한 네가 말하는 그 과학 이론들은 찬성이든 지지든 마법에 대해 직접 언급하지 않아. 비슷한 차원에서 과학 이론들은 정치인에 대해서도 찬성이든 지지든 직접 언급을 하지 않는데, 그렇다고 현대 과학이 정치 선전이란 통하지 않는다고 암시하는 건 아니거든. 왜 마법에 대해서는 다르게 보는 건데?

세라: 하지만 마법에서는 현대 과학에서 알지 못하는 어떤 힘들

이 있다고 여기는 데다가 그 힘들이 과학의 예상과 충돌하잖아.

밥: 현대 과학에서는 마법의 힘을 알지 못할 수도 있지. 현대 과학은 모든 것을 안다고 주장하는 거야? 마법이 자기 목적을 이루기 위해 과학 법칙을 이용하면서 그 법칙에 맞게 마법을 부릴 수도 있어. 어쩌면 마법이 과학의 예언을 실현하는 데 도움을 줄 수도 있다고.

세라: 원칙적으로는 아직까지 그런 일을 배제할 수 없겠지만, 현실적으로 볼 때 마법이 진짜로 통한다면 지금쯤 그것을 뒷받침하는 보다 분명한 증거들이 있어야 하지 않아? 예를 들어 마녀가 있다면 텔레비전에 출연해 마법을 성공적으로 보여주고 큰돈을 벌고 싶은 유혹을 받지 않았을까? 오늘밤 텔레비전 생방송 무대에서 어느 유명인이 개구리로 변할 거라는 예고가 나온다면 시청률이 어떻겠어?

밥: 설령 마녀가 그런 마법을 부려도 대다수 사람들은 그냥 속임수라고 생각할 거야. 솔직히 나로서는 그런 여건에서 마법이 통할지 확신이 없어. 마법은 오히려 대중 노출을 꺼리며 보호막을 치겠지. 모든 사람을 위한 것이 아니니까.

세라: 편리한 대로 갖다 붙이는구나. 넌 마법을 뒷받침할 증거가 없으니 빠져나가려는 거야. 그럼 이렇게 해보자고. 현대 과학을 뒷받침하는 증거는 엄청나게 많고, 마법을 뒷받침할 중요한 증거는 없어. 역사 속에서 마녀 혐의를 받은 경우는 대부분 가난하고

무고한 노파들이었어. 그들에게 관용을 베풀지 않은 데 죄의식을 느낀 이웃들이 오히려 그녀들을 맹렬히 비난했다지. 아니면 민간 요법 같은 걸 행하던 사람들한테 자식의 병을 치료해달라고 맡겼다가 효험을 보지 못한 사람들이 고발하기도 했고. 16세기와 17세기 잔혹한 고문 속에서 마녀라고 자백한 그 모든 얘기들을 내가 믿을 거라고 기대한 건 아니겠지. 마법은 그저 신화일 뿐이라고 가정하는 것이 그런 현상에 대한 가장 단순한 설명이 아닐까?

밥: 단순한 게 진실은 아니야. 네 말이 맞아. 마녀라고 일컬어진 많은 사람이 사실은 마녀가 아니지. 어쩌면 대다수가 그럴지도 몰라. 걸핏하면 한밤중에 옷을 벗은 채 춤추고 돌아다녔던 몇몇 음탕한 중간계급 여자들은 확실히 사기였지. 그렇다고 진짜 마녀가 없다는 의미는 아니야. 자기 입으로 현명하다고 말하는 사람이 실제로 현명하지는 않지만 진짜 현명한 사람도 있거든. 그들은 너무 현명해서 스스로 현명하다고 말하지 못해. 마법 말고는 도저히 달리 설명할 수 없는 일들이 나와 내가 아는 다른 사람들에게 너무 많이 일어났어. 그런 증거들을 보면 확실히 진짜 마녀가 있다고. 우리 옆집 할머니도 그중 하나지. 내 다리를 보면 알잖아.

세라: 마법의 경우만 그런 거야, 아니면 다른 모든 미신도 똑같이 믿는 거야?

밥: '미신'이라니! 내가 직접 목격한 경험을 바탕으로 마법을 아는 거야. 다른 사람에게 들은 이야기나 책에서 읽은 게 아니라고.

난 경험하지 않은 것들도 열린 마음으로 대하려고 노력해.

세라: '열린 마음'이라니! 네가 갖고 있는 선입견으로 경험을 해석한 것뿐이야. 희생양을 만들어 네게 일어난 불행의 책임을 돌리고 싶은 마음에, 너네 집 담장 사건을 뒤틀어 왜곡하잖아.

밥: '뒤틀었다'고? 넌 그 할머니의 얼굴 표정을 못 봤잖아. 정말 뒤틀린 얼굴이었지.

세라: 너랑 논쟁해봐야 소용이 없어. 무슨 얘길 해도 마법에 대한 네 믿음은 흔들리지 않을 거야.

밥: 현대 과학에 대한 네 믿음은 어떻고?

자크: 저기, 끼어들어서 미안해. 옆에 앉다 보니 어쩔 수 없이 두 사람 대화를 들었어. 둘 다 점점 흥분하는 것 같은데, 어쩌면 내가 도움이 될지도 몰라서. 이런 말 해도 될지 모르겠지만 두 사람은 서로 '내가 옳고 넌 틀렸다'는 우월한 태도를 취하고 있어.

세라: 하지만 내가 옳고 쟤가 틀렸어.

밥: 아니야. 내가 옳고 쟤가 틀린 거야.

자크: 저기, 잠깐만. 또 막혔네. 내 짐작엔 두 사람 모두 상대가 틀렸다는 걸 결정적으로 증명할 수 없다는 게 서로에게 점점 분명해지고 있는 것 같아.

세라: 지금 당장 이 기차에서는 증명하지 못하더라도 과학이 어떻게 발전하는지 두고 보면 알 거야. 과학이 무엇을 이루어낼 수 있을지에 대해 한계를 그으려는 사람들은 대체로 얼굴에 달걀 세

> 두 사람 모두 상대가 틀렸다는 걸
> 결정적으로 증명할 수 없다는 게
> 서로에게 점점 분명해지고 있는 것 같아.

례를 맞는 창피를 당하게 될 거고.

밥: 마법의 주문에 희생당하는 게 어떤 것인지 너도 두고 보면 알 거야. 마법이 무엇을 해낼 수 있는지에 대해 한계를 그으려는 사람들은 얼굴에 달걀 세례를 맞는 일보다 더 큰 창피를 당할 수 있어.

자크: 그런데 두 사람 모두 자기 입장에서 옳은 거 아니야? 그러니까 네 이름이…….

세라: 세라야.

자크: 만나서 반가워, 세라. 난 자크야. 세라가 하는 말은 현대 과학의 입장에서 완벽하게 말이 돼. 그리고 네 이름은…….

밥: 밥이야.

자크: 만나서 반가워, 밥. 밥이 하는 말은 전통 마법의 입장에서 완벽하게 말이 되지. 현대 과학과 전통 마법은 서로 입장이 다르고 각자 나름으로 타당성을 지녀. 둘 다 똑같이 이해돼.

세라: 똑같이 이해되기는 해도 똑같이 진실하지는 않지.

자크: '진실'이라, 그건 아주 위험한 단어야, 세라. 이 차창을 통

해 멋진 시골 풍경을 볼 때, 넌 네가 옳은 것을 보고 있고 반대편 차창을 통해 풍경을 보는 사람은 틀린 걸 보고 있다고 주장할 거니?

세라: 당연히 아니지. 그렇게 비유하는 건 부당해.

자크: 왜 부당해, 세라?

세라: 우린 반대 방향을 보니까 차창으로 서로 다른 걸 보는 거야. 하지만 현대 과학과 전통 마법은 동일한 세계를 보면서 그에 관해 양립할 수 없는 주장을 하는 거라고. 가령 밥의 집 담장이 무너진 이유에 대해서 말이지. 한쪽이 옳다면 다른 쪽이 틀린 거야.

자크: 세라. 반드시 누군가는 옳고 누군가는 틀려야 한다고 주장하면서 두 의견이 양립할 수 없게 만드는 것은 너야. 그런 식의 판단 주장은 우리가 다른 이에 대해 판단하면서 신의 입장을 택할 수 있다고 믿는 데서 나오지. 하지만 우리는 그저 인간일 뿐이야. 서로에 대해 그처럼 확실하게 옳고 그름을 판단할 수는 없어.

세라: 그런데 자크, 현대 과학 대 마법의 문제와 관련해서 옳은 답과 틀린 답이 있다고 가정하는 밥과 나는 모두 틀리고, 반면 옳은 답과 틀린 답은 없다고 말하는 네가 옳다고, 지금 말하는 거 아니니? 그렇다면 사실은 네 말과 모순되잖아?

자크: 너희 둘 다 각자 입장에서는 옳으며, 상대에 대해 판단하면서 자기 의견을 내세우는 건 도움이 되지 않는다고 말했지.

세라: 너 역시 우리 둘에 대해 판단하면서 네 의견을 내세우는 거 아니야?

자크: 난 어느 쪽도 판단하지 않아. 그저 도움을 주는 거라고.

세라: 나도 옆집 이웃이 주문을 걸었을까 봐 걱정할 필요가 없다고 밥에게 설명해줘서 도우려는 것뿐이야. 마법보다는 현대 과학에서 더 많은 도움을 얻을 수 있거든.

밥: 내가 주문에 맞서 싸울 수 있도록 어떻게 현대 과학이 돕는다는 거야?

세라: 맞서 싸워야 할 주문이 없다는 걸 현대 과학이 알려주는 거지.

자크: 세라, 밥은 지금 마법의 입장을 택함으로써 도움을 받는 중이야. 그에게는 정말 충격적이고 고통스럽고 괴로운 일이 벌어진 거야. 난데없이 담장이 무너져서 다리가 부러졌잖아. 도무지 이해되지 않는 불운이라고 여겨질 때면 특히 더 견디기 힘들지. 밥은 마법의 입장을 택함으로써 자신의 불운을 그런대로 이해할 수 있었던 거야. 그에게는 마법이 의미를 지니는 거지.

그나저나 밥, 넌 정말 잘 견디는 것처럼 보인다. 현대 과학의 입장이라면 아무 목적 없이 제멋대로 일어난 일로 보일 텐데, 그런 입장을 택해서 자신의 불행을 도무지 납득할 수 없다면, 세라, 너나 내가 대체 무슨 권리로 그가 전통 마법의 입장을 택하는 걸 반대할 수 있겠어? 지금으로서는 분명 현대 과학보다는 마법이 그에게 훨씬 도움이 될 거야.

세라: 우리 사회가 대체로 마법에 대한 전통적인 믿음의 입장을

택하지 않는 건 참 다행이야. 만일 그랬다면 밥의 비난으로 죄 없는 할머니가 화형에 처해질 수도 있었을 테니 말이야.

밥: 그럼 내 다리는 무슨 죄냐고!

세라: 우리 사회는 마녀 재판 같은 '도움'이 필요 없어. 현대 과학 덕분에 우리는 그런 미신에서 해방되었고 적절한 증거를 바탕으로 보다 합리적으로 문제에 접근할 수 있으니까. 마녀 재판을 행하던 이들만큼 어리석지 않은 거지.

자크: 마녀를 화형에 처하는 건 정말 싫어, 세라. 그런 일을 행하던 사람들은 바로 내가 비판했던 판단적 태도를 지녔던 거야. 하지만 마녀 재판을 연구하는 역사학자들은 그 일을 행하던 사람들 입장을 이해해야 해. 그렇지 않으면 당시 어떤 일이 있었던 건지 이해하지 못할 테니까. 마녀 재판을 행하던 사람들은 절대 자신이 비합리적인 미신에 사로잡혀 있다고 여기지 않았거든.

세라: 분명히 그랬겠지. 하지만 그들은 결국 비합리적인 미신에 사로잡혀 있었던 거야.

자크: 넌 17세기 마법 이론들을 공부해본 적 있니, 세라?

세라: 그런 건 안 해도 돼.

자크: 그들도 나름 정교한 논리가 있어. 세라, 넌 말이야, 상대의 다른 입장이 실제로 어떤 건지 알아볼 정도의 수고조차 하지 않으면서, 대체 무슨 권리로 다른 모든 사람에게는 네 입장을 받아들여야 한다고 주장하는 거니?

세라: 그건 내 입장이 아니야. 현대 과학의 입장이라고. 지금으로서는 그게 가장 타당해. 진보도 이루어졌고. 오늘날 법정에서는 디엔에이(DNA) 검사를 증거로 채택해. 법정이 물고문이나 전통 마법의 실험으로 얻은 증거를 채택해야 한다고 생각하니?

자크: 세라, 난 그런 입장이 아니야.

세라: 네 입장과 뭐가 다른데? 법정이 현대 과학 이론에 근거한 증거는 채택하면서 마법과 관련한 전통 사상에서 나온 증거는 채택하지 말아야 하는 이유가 뭔데?

자크: 우리 사회에서는 마법과 관련한 전통 사상보다는 현대 과학 이론이 훨씬 폭넓은 층으로부터 존중받고 있기 때문이지.

세라: 법정에서 왜 어떤 증거는 채택되고 어떤 증거는 채택되지 않는지에 대해 물은 게 아니라고. 내가 물은 건 왜 그런 증거들이 채택되어야 하는가에 관해서야.

자크: 세라, 어떤 사회든 법정 같은 공적인 판단 기구는 역할을 제대로 해내기 위해서 일반적인 신뢰를 얻어야 해. 사람들한테 적법한 기구로 인정을 받아야 하지. 그런 공적 기구에서 내린 판단이 결정적인 것으로 취급받지 못한다면 혼란이 올 테니까. 사회적 신망이 낮은 이론에 근거한 증거를 받아들이거나 신망이 높은 이론에 근거한 증거를 거부한다면, 그 기구는 사람들에게 신뢰를 잃고 말지.

세라: 만일 전통 마법에 대한 믿음이 다시 높은 신망을 얻게 된

다면, 법정이 그것을 바탕으로 한 증거를 받아들여야 하는 거야?

자크: 지금으로서는 마법에 대한 믿음이 높은 신망을 얻은 사회가 아니잖아. 그런 사회의 법적 절차는 그 사회 성원들이 결정할 문제이지, 우리랑은 상관없어. 다행인지 불행인지 몰라도 마녀와 관련된 전통적인 믿음들은 현재 우리 사회에서 그다지 신망을 얻지 못하지.

밥: 그렇다고 그 믿음이 거짓이라는 의미는 아니야.

자크: 그렇긴 해.

밥: 법정에서 마법을 진지하게 받아들이기 시작한다면 보다 나은 결정을 내릴 수도 있어.

자크: '보다 낫다'는 건 무슨 의미야, 밥?

밥: 죄가 있는 사람에게 유죄 판결을 내리는 경우가 늘어나고, 죄가 없는 사람에게 유죄 판결을 내리는 경우가 줄어드는 거지.

자크: 공적 신뢰를 얻는 법정이 아니라면 대체 누구의 판단으로 죄가 있니 없니 하는 거야?

밥: 법원의 판결은 틀릴 리가 없다는 거야?

자크: 물론 항소심에서 뒤집히는 평결도 있지.

밥: 내 말은 그게 아니야. 옆집 할머니가 내게 중상을 입힌 죄로 오늘 기소되었다고 상상해봐. 할머니는 결코 유죄 판결을 받지 않겠지. 난 무죄 판결에 대해 항소할 수가 없고. 그런데 말이야 다들 알다시피 할머니는 유죄 판결은커녕 기소될 일조차 없어. 그렇다

고 해서 할머니에게 죄가 없는 건 아니라고.

자크: 할머니가 네게 중상을 입혔는지 아닌지 누가 판단하는 거야? 네 사례에서 너는 재판관도 배심원도 될 수 없어. 옆집 할머니도 마찬가지고.

밥: 내가 재판관이 되겠다는 게 아니야. 법정에서 어떤 증거를 받아들이는가와 관련해서 지나치게 편협하고 법률 중심주의적인 태도를 취하지 않는다면 일을 더 잘해낼 수 있다고 생각하는 것뿐이야.

세라: 법정은 당연히 법률 중심주의여야 하는 거 아니야?

밥: 내 말이 무슨 뜻인지 너도 알잖아. 과거에 법정은 디엔에이 증거를 받아들이지 않았어. 하지만 너는 지금 그런 증거를 받아들이는 게 더 낫다고 생각하잖아.

세라: 당연하지.

밥: 그들이 마녀와 관련된 전통 지식에 근거한 증거를 받아들인다면 분명 더 나아질 거야. 하지만 (나 같은 보통 사람뿐만 아니라) 힘과 영향력을 지닌 보다 많은 사람들이 그런 지식을 다시 존중하기 시작하지 않는 한 그런 일은 없으리라는 거 알아. 자크, 그러려면 말이야, 그러니까 예전처럼 우리 사회가 마법의 실재를 존중하게 되려면 어떻게 되어야 한다고 생각해?

자크: 그러니까 밥, 내 생각에는 말이야. 학교에서 아이들에게 그런 믿음을 가르치고 주요 대학에서도 공부한다면, 결국에는 널

리 받아들여지겠지. 분명한 건, 그러한 믿음이 오래전 옛날 사람들이 지녔던, 또한 이른바 '원시' 사회 사람들이 지금도 지니는 진기한 믿음이라고 가르치는 데서 더 나아가 현대 과학 이론을 다루듯 똑같은 방식으로 가르쳐야 할 거야.

밥: 그렇게 된다면 공평하겠다. 그러면 사람들은 잘 알지 못하는 이야기에 겁먹지 않고 마법에 관한 자기 나름의 생각을 정할 수 있을 거야.

세라: 만일 내가 너와 같은 입장이라면 신문사에 편지를 보낼 거야. 학교에서 모든 아이에게 마법을 가르치고 대학에서 연구를 해야 한다고 말이야. 지금 현대 과학과 똑같이 말이지. 물론 난 거기에 서명하지 않겠지. 그런 제안에는 완전히 반대니까.

밥: 괜찮은 아이디어야, 세라. 넌 서명할래, 자크?

자크: 으음. 안 할 것 같은데, 미안.

밥: 왜 안 해?

자크: 개인적으로 난 마법의 입장에서 생각하지 않거든. 그런 용어가 도움이 된다고 여기지 않아.

세라: 내가 밥을 위해 생각해낸 편지에서는, 학교에서 현대 과학 이론 교육을 폐지해야 한다거나, 대학에서 현대 과학 이론을 연구하지 말아야 한다고 요구하지는 않을 거야. 다만 현대 과학 이론뿐만 아니라 전통 마법의 믿음까지도 포함하여 두 가지 교육과 연구에 동일한 시간과 기금을 할당해야 한다고 요구할 뿐이지. 자크, 네 입장에서는 그 생각의 어떤 부분에 대해 반대하는 건데?

자크: 시간상 학교에서 모든 것을 가르칠 수는 없어. 선택을 해야 하지. 우리 사회에서는 전통 마법의 믿음보다는 현대 과학 이론이 보다 중요하니까 교육체계에서도 거기에 우선순위를 두는 게 합리적이지 않겠어?

밥: 방금 전 네가 말한 내용을 바탕으로 정리해볼게. 오늘날 우리 사회에서 마법보다 현대 과학이 더 널리 퍼져 있으니, 아무래도 학교에서 그 둘을 취급하는 데에도 차이가 나지. 그러니까 네 말은 우리가 무엇을 배웠든 그대로 우리 자녀에게도 가르쳐야 한다는 거니? 그건 악순환이잖아. 아무튼 그건 그렇고, 지금 현재 우리 사회에서 마법이 중요하지 않다고 대체 어떻게 아는 거야? 우리 사회의 사람들이 마법으로 부상과 질병, 불운, 심지어 죽음까지 겪고 있다면 마법도 학교와 대학에서 응당 가르쳐야 할 만큼 중요한 의미가 있는 거 아니야?

자크: 밥, 넌 정말 교육체계에 그러한 변화가 생겨야 한다고 진심으로 기대하는 거니?

밥: 물론 지금 당장 그래야 한다는 건 아니야. 아마 오십 년쯤 후가 되겠지. 그게 좋은 변화라면 내가 그것을 위한 활동에 나서지 않을 이유가 없잖아?

자크: 밥, 네가 날 대신해서 '좋은 변화'가 뭔지 정의를 내리겠다는 거야?

밥: 그러면 네가 직접 정하든가. 노예제 폐지를 위해 나선 활동가에게도 그와 같은 지연 전술을 쓰려고 했을까? 노예제 폐지가 좋은 변화가 될 거라고 말하는 그들에게 '좋은 변화'가 뭔지 정의하라고 이야기했겠어? 네 식대로 옮겨보지. 모든 아이에게 마법을 가르치는 것이 '내 입장에서 볼 때' 좋은 변화라면 내가 그것을 위한 활동에 나서지 않을 이유가 없잖아?

자크: 난 널 가로막으려는 게 아니야, 밥.

밥: 그러면 날 도울 거야?

자크: 그런 방식으로는 아니야, 밥.

밥: 왜 아니야?

자크: 아까 말했잖아, 밥. 내 입장에서는 그게 좋은 변화가 아니라고.

밥: 처음에 네가 나와 세라의 논쟁에 끼어들었을 때 난 네가 세라의 지적 속물 근성에 반대해서 내 편을 들어주려는 줄 알았어.

세라: 말도 안 돼!

밥: 좋아. 정 그렇다면 우수한 교육이라고 해두지. 자크, 네가 정

말로 마법을 믿을 거라고 생각하지는 않았어. 다만 마법에 대해 열린 마음일 거라고 여겼지. 네가 세라만큼이나 마법에 대해 편견을 갖고 있다는 걸 이제 깨달았어.

세라: 이런 그것도 말이 안 돼! 마법에 대한 내 불신은 증거와 이성에 근거한 거지, 편견이 아니라고.

밥: 네가 원하는 대로 다시 바꾸지. 넌 마법을 진지하게 받아들이지 않아. 내 요점을 말해볼까. 처음에 난 자크가 너보다는 마법을 진지하게 받아들이는 줄 알았지만 이제 그렇지 않다는 걸 깨달았어.

자크: 밥, 난 현대 과학을 하나의 입장으로 매우 진지하게 받아들이는 것처럼 마법 역시 하나의 입장으로 아주 진지하게 받아들이고 있어.

밥: 그러니까 나와 같은 사람들이 마법을 진심으로 믿고 있고, 과거에 그리고 지금도 몇몇 외국에서는 훨씬 많은 사람이 마법을 믿는다는 걸 네가 알고 있다는 그런 말이겠지.

자크: 또한 마찬가지로 세라 같은 사람들이 현대 과학을 진심으로 믿고 있고, 그런 믿음이 대다수 사회에서 큰 영향력을 지닌다는 것도 알고 있지.

밥: 마법을 대하는 태도에 비해 현대 과학을 대하는 태도에는 특별한 뭔가가 있는 거네.

자크: 무슨 뜻이야, 밥?

밥: 자크, 네 기분이 점점 엉망이 되어간다고 상상해봐. 그런 일이 없기를 바라지만 사람 일은 모르잖아. 넌 이틀 정도 기다려보지만 기분이 영 나아지지 않는 거야. 의사를 찾아가고 의사는 널 전문가에게 보내겠지. 전문가는 현대 의학에 근거해서 갖가지 복잡한 검사를 시킨 뒤 결과를 받아보고는 너한테 무슨 문제가 있는지 판단해. 네 기분이 나아지려면, 심지어는 네 목숨을 구하려면 어떤 약을 먹어야 하고 어떤 치료를 받아야 하는지 역시 현대 의학에 근거하여 처방을 내리겠지. 넌 의사의 지시를 따를 테지? 마법에 대해 알고 있는 지혜의 여인, 주술 치료사를 찾아가 그녀의 충고를 따르지는 않을 거라고.

자크: 그래 인정해, 난 전형적인 서구 백인 남자야. 나와 같은 입장을 지닌 사람들은 마법에 기초한 전통 민간요법보다는 현대 의학을 신뢰해. 하지만 네 입장이 다르다는 걸 인정하고, 그 역시 똑같이 존중해.

밥: 동등한 신뢰를 갖지 않는데 동등한 존중이 무슨 소용이야?

세라: 잠깐만, 밥. 너 다리 깁스를 일반 병원에서 했지? 너도 관련 마법을 아는 전통 주술 치료사를 찾아가지 않았잖아? 병원 의사는 현대 의학을 공부한 사람이지, 마법을 공부한 사람이 아니야. 너 자신은 네 확신에 대해 분명한 용기가 있는 거야?

밥: 내가 어떻게 할 수 있었겠어? 사실 동네 병원에서 치료를 받았어. 평판이 과히 나쁘지 않은 곳이었지. 난 구급차를 타고 가는

도중에야 내게 무슨 일이 일어난 건지 생각을 할 수 있었어. 그때 퍼뜩 떠오르더라고. 모든 게 그 늙은 옆집 할머니 탓이라고 말이야. 하지만 그때에는 너무 늦어버렸지. 솔직히 걱정됐어. 구급차를 부른 사람이 그 할머니였기 때문이지. 구급차 운전사는 누구인지, 날 어디로 데려가는지 심난하더라고. 다리는 다쳤지, 구급차는 빨리 달리지, 도망갈 방법이 없었어.

하지만 그 할머니 입장에서도 내가 죽기를 바라지는 않았을 거야. 그러면 경찰이 와서 여기저기 기웃거리면서 난처한 질문을 해댈 테니 할머니로서도 탐탁지 않겠지. 어쨌든 난 병원에서 나오자마자 절뚝거리는 다리로 내가 아는 주술 치료사를 찾아갔어. 그녀는 옆집 할머니가 내 깁스에 걸어놓은 모든 주문을 막을 수 있도록 특별한 약초를 내 깁스에 발라주었어. 약초 효과는 좋았지. 또한 통증이 있던 다른 부위에 바르라고 특별 연고도 주었어. 병원에서 준 진통제 대신 그 연고를 썼더니 많이 나아졌어. 그 주술 치료사는 정말 신통해. 난 오랫동안 허리가 아팠는데 의사들도 어쩌지 못했지. 그런데 그녀가 작은 주머니 같은 걸 주고는 목에 두르고 있으라고 했어. 그다음 날 아침 허리 통증이 씻은 듯이 사라졌지. 그 후로 한 번도 허리가 아프지 않았어.

세라: 플라시보 효과야.

밥: 그게 뭐든 효과가 있었잖아. 난 문제가 있을 때 종종 그녀를 찾아가서 의논해. 큰 도움이 되지. 그녀 말로는 내 다리가 아니라

담장에 주문을 걸었기 때문에 병원에서 내 다리를 치료해도 해가 없다고 했어. 지난해에는 내게 텔레비전을 그만 보라고 하더라고. 그 때문에 두통이 생기고 있다고. 그래서 텔레비전을 없앴더니 지금은 두통이 거의 없어.

세라: 그녀에게 치료비를 내니?

밥: 그녀는 돈을 받지 않아. 그래서 늘 작은 선물을 주지. 예의상 주는 정도밖에 안 돼. 내 허리 통증을 치료했을 때에는 얼마간 돈을 주었어. 그녀는 받지 않으려 했지만 내가 고집을 피웠지.

세라: 밥, 진심을 의심한 거 사과할게. 정말로 그런 걸 믿는구나. 네 말을 행동으로 직접 보여주네. 그리고 자크, 넌 인정해야 해. 네가 전통 민간요법을 어느 정도 존중하는지는 몰라도, 현대 의학을 존중하는 수준의 신뢰는 담겨 있지 않아.

자크: 그런 전통 민간요법 중에는 효과가 아주 좋은 것도 있다고 생각해, 세라.

세라: 말은 그렇게 할 수 있어도 실제로 전통 주술 치료사를 찾아가서 의사의 말보다 그녀의 충고를 따르고 돈을 지불하는 것은 다른 문제야.

자크: 세라, 현대 의학보다 전통 민간요법이 내게 훨씬 효과 있다고 말한 적 없어. 어떤 치료법을 이용해야 할지 알려주는 척하진 않아. 모든 형태 치료법을 진정한 생활방식의 하나로 존중해.

밥: 주술 치료사를 찾아간 적 있어?

난 네가 열린 마음일 거라고 여겼어.

하지만 동등한 신뢰를 갖지 않는데

동등한 존중이 무슨 소용이야?

자크: 당뇨 문제로 가끔 상담하는 여자 의사가 있어, 밥. 난 그녀가 꽤 지혜롭다고 생각해.(주술 치료사의 영어 표현이 지혜로운 여인 'wise woman'인 것을 이용해 말장난을 하고 있다-옮긴이)

밥: 그 뜻이 아닌 거 알잖아. 마법에 대해 잘 알고 마법으로부터 널 보호해줄 방법을 아는 여자를 찾아간 적 있냐고?

자크: 아니, 없어, 밥.

밥: 네가 말하는 당뇨병이 마법 때문에 생긴 게 아니라는 걸 어떻게 알아? 네가 만난 의사들은 당뇨를 치료하지 못했잖아.

자크: 밥, 물론 치료하지 못했지. 그런 걸 기대할 수는 없어. 하지만 당뇨를 관리하는 데 도움이 되었어.

밥: 혹시 마법 때문이라면 내 주술 치료사가 훨씬 도움이 될지도 몰라. 내 전화기에 전화번호가 저장되어 있어. 내가 지금 바로 전화해서 상황을 설명한 다음 너한테 바꿔줄 테니까 약속을 잡아.

자크: 아니, 친절은 고맙지만 사양할래. 치료 받으러 갈 것 같지 않아.

밥: 왜? 시험 삼아 한번 가볼 수도 있지. 그녀의 조언이 마음에

안 들면 그냥 무시해도 돼. 큰 실수를 하는 셈이겠지만 말이야. 네 병은 심각한 거야. 그 병 때문에 사는 게 힘들고 위험할 수도 있어. 네 의사는 치료하지 못하잖아. 고통을 없애줄지도 모르는 대안에 대해 왜 알아보려고도 하지 않아? 그 방법이 효과가 없을 거라고 어떻게 단정해? 돈을 내고 싶지 않으면 그래도 돼.

자크: 비용을 걱정하는 게 아니야, 밥. 내 입장에서 보았을 때 그건 가망성 있는 방법 같지 않아.

밥: 내가 보기에 넌 내 입장을 존중한다지만 그저 입에 발린 말일 뿐이야. 네 인생이 달린 문제인데 네 입장보다 내 입장이 좋은지 어떤지 알아보기 위해 손가락 하나 까딱할 만큼의 진지함도 없잖아. 네 고통이 마법 때문일 가능성은 눈곱만큼도 없다고 생각하지. 그렇지 않다면 다르게 행동했겠지. 난 내 믿음을 부정하는 세라의 방식이 더 좋아. 내 믿음을 존중하는 척 가장하진 않잖아. 세라는 의견이 다르다는 걸 솔직히 드러내고 내가 직접 말한 내용에 대해 정면으로 맞서 논쟁해. 적어도 세라는 내 의견을 얕보기는 해도 자신의 입장과 맞서는 경쟁자로 대할 만큼 내 입장을 진지하게 받아들이고 있어.

세라: 어째 좀 거슬린다.

밥: 그게 네 생각이잖아. 아무튼 난 세라의 태도가 더 마음에 들어. 내게 맞서 논쟁할 정도로 내 생각을 진지하게 받아들이거든. 자크, 네 태도는 말이야, 내 입장에 맞서 애써 논쟁할 만큼 실제로

는 진지하게 받아들이지 않으면서도, 내 입장을 대단히 존중한다고 말함으로써 마치 윗사람이 아랫사람을 대하듯 깔보는 거지. 너는 나를 경쟁자로 여기면서 얕보는 게 아니라 아예 경쟁에 끼워주지도 않는 거야.

자크: 왜 꼭 경쟁을 해야 하는 거야, 밥? 서로 다른 입장들이 경쟁하지 않고 협력할 수는 없는 거야?

세라: 네 입장을 정하기 위한 경쟁이 있지 않겠어? 넌 현대 과학이론에 대한 신뢰와 전통 마법에 대한 믿음이라는 입장을 동시에 취할 수는 없어. 전통 주술 치료사의 조언이 네 의사의 조언과 충돌하는 경우 두 가지 모두를 따를 순 없지. 그런 상황에서 넌 네 입장을 받아들이고 밥의 입장을 부정할 거야.

자크: 그렇다고 내 입장이 다른 사람 입장보다 더 훌륭하다는 의미는 아니야, 세라.

세라: 네 입장이 다른 사람 입장보다 더 훌륭하다고 이야기하는 사람은 아무도 없어.

자크: 난 네 입장을 깔보지 않아, 세라.

세라: 기분 좋은 얘기군.

자크: 그리고 밥, 네 입장도 깔보지 않아.

밥: 넌 그렇게 말하지.

세라: 자크, 넌 누구의 입장을 택할 것인가 하는 문제가 나올 때면 늘 여러 입장이 각각 별개이며 동등하다는 입장으로 물러서더

라. 그런 식으로 심각한 비판이나 경쟁으로부터 네 자신의 입장을 보호하는 거야. 반면 서로 맞서는 사람들은 경쟁에서 크게 질지도 모르는 위험을 무릅쓰는 거지. 넌 배울 수 있는 기회가 있는데 자신에게 보호막을 치는 거야. 말하자면 입장을 대하는 너 자신의 입장에 매우 만족하는 것 같아. 내가 알기로는 사람들이 그런 입장을 가리켜 '상대주의'라고 하지.

자크: 그래, 세라. 원한다면 내 입장을 상대주의라고 불러도 돼. 여러 입장을 대하는 정반대의 태도를 '절대주의'라고 해두자고. 여러 입장을 대할 때 '옳다' 또는 '그르다'로 나눠야 한다고 주장하는 그런 태도가 어떤 폐해를 가져왔는지 성찰한 많은 사람이 그런 입장을 보이지.

세라: 그 말을 할 때 너 역시 암묵적으로 상대주의는 '옳고' 절대주의는 '그르다'고 나누는 거 아니야?

자크: 아니야, 세라. 넌 아까도 날 그런 낡은 덫에 빠뜨리려고 했었지. 난 다만 상대주의를 '나의 현재 입장'으로, 절대주의를 '다른 누군가의 현재 입장'으로 나누고자 한 것뿐이야.

세라: 하지만 절대주의가 아니라 상대주의를 택해야 하는 이유를 밥과 내게 제시하려고 하지 않았어? 상대주의가 어떤 점에서 절대주의보다 더 나은 입장이라고 여기는 거 아니야?

자크: 한쪽이 옳고 다른 쪽이 그르다는 의미에서라면, 아니야, 세라.

세라: 그렇다면 다른 의미에서는 어떤데?

자크: 세라, 아까도 말했듯이 절대주의라는 이름 아래 수백만 명이 대학살을 당했어. 상대주의 이름 아래 학살이 이루어진 적이 있어?

세라: 상대주의를 택하면 폐해가 적으니까 절대주의 말고 상대주의를 택해야 한다고 주장하는 건가? 각 입장이 좋은 결과를 가져오는지 나쁜 결과를 가져오는지를 기준으로 입장을 판단하고 있잖아.

밥: 과학이 결국에 가서 오염이나 대량 살상 무기로 인류 전체를 파멸시키면 어떻게 되는 거지? 그럴 가능성도 있잖아. 그러면 자크의 기준으로 볼 때 현대 과학에 대한 믿음보다는 마법에 대한 믿음이 훨씬 좋은 거네. 어떤 식으로 계산을 하든 마법은 결코 그런 엄청난 폐해를 가져오지 않으니까.

세라: 그렇지. 비록 마녀가 존재하지는 않지만 말이야! 군사 정치 지도자들이 과학을 사악하게 사용한다고 해서 과학을 비난할 순 없어. 또한 과학의 발전을 막을 수도 없지. 혹시 있을지 모르는 인류의 종말에 대해 밥이 지적했듯이, 어떤 믿음이 진실인지 거짓인지 하는 문제는 그 믿음으로 인해 좋은 결과가 생기는지 나쁜 결과가 생기는지 여부와는 전혀 다른 문제야.

자크: 세라, 다른 입장을 배척하고 한 가지 입장을 받아들임으로써 어떤 결과들이 생겼는지 논하고 있는 것뿐이야. '진실'이니

'거짓'이니 하는 독단적 표현은 절대주의자들이 쓰는 거야.

세라: 그런데 결과가 좋은지 혹은 나쁜지 무엇으로 판단해? 그 점에 관해서는 절대주의자야, 아니면 상대주의자야?

자크: 세라, 난 그 무엇에 대해서든 절대주의자가 아니야. 어떤 사람에게는 좋은 결과가 다른 사람에게는 나쁠 수 있지.

세라: 학살을 저지르는 사람 입장에서는 학살이 좋은 것일 수도 있지. 1945년 4월 말 벙커에 있던 히틀러가 단추 하나를 눌러 인류 전체를 말살할 수 있었다면 그렇게 했을 거야. 그의 입장에서 보면 연합군의 승리보다는 그런 결과가 훨씬 나았을 테니까. 너도 평화로운 삶이 잔혹한 죽음보다 더 좋다고 가정하는 셈 아니야?

자크: 내 입장에서는 좋아, 세라. 네 입장에서도 좋지 않아?

밥: 내 입장에서는 좋아.

세라: 물론 내 입장에서도 좋지. 그런데 그게 상대주의와 무슨 상관이 있어? 상대주의자이면서도 평화로운 삶보다 잔혹한 죽음을 더 좋게 여기는 사람도 있지 않을까?

자크: 히틀러는 상대주의자가 아니었어, 세라.

세라: 그가 그렇다는 게 아니야. 내 말은 이런 얘기야. 즉, 만일 인류의 멸종보다 평화로운 문명을 원하는 의견이 상대주의와 공존할 수 있다면, 평화로운 문명보다 인류의 멸종을 원하는 의견도 마찬가지로 상대주의와 공존할 수 있다는 거지. 상대주의는 어느 쪽이 좋은가에 관해서 어떤 입장도 암시하지 않으니까.

자크: 상대주의자는 자신의 입장을 다른 사람에게 강요하지 않아, 세라. 사람을 죽이는 것은 네 입장을 강요하는 궁극적인 방식이야. 사람들을 평화롭게 놔두는 것은 그 무엇도 강요하지 않는 태도이고.

세라: 포용이 편협함보다 더 좋다는 의미를 상대주의가 암시한다는 얘기를 하려는 것 같은데, 난 어떻게 그런 건지 모르겠어.

자크: 세라, 내 입장이 옳고 네 입장이 틀리다고 말하지 못한다면 내가 무슨 권리로 네게 내 입장을 강요하겠어?

세라: 어떤 절대적 권리를 의미하는 거야, 아니면 네 입장에서 보는 어떤 권리를 의미하는 거야?

자크: 상대주의자인 내 입장에서 보는 어떤 권리를 말하는 거지, 세라.

세라: 너의 개인적인 입장에서는 네게 그런 권리가 없을 수 있겠지만, 다른 상대주의자, 말하자면 별로 나긋나긋하지 않은 상대주의자라고나 할까, 그런 사람 입장에서는 왜 자신의 입장을 다른 모든 사람에게 강요할 권리가 없는 건데?

자크: 상대주의에는 그런 게 담겨 있지 않아, 세라.

세라: 못된 상대주의자는 제 입장을 다른 사람에게 강요할 권리가 있다고 상대주의에서 암시한다는 뜻이 아니잖아. 내 말은, 그런 사람이 제 입장을 강요할 권리가 없다고 상대주의에서 암시하지 않는다는 얘기지. 그냥 중립적인 거지.

포용이 편협함보다 더 좋다는 의미를
상대주의가 암시한다는 얘기인 것 같은데,
난 어떻게 그런 건지 모르겠어.

무엇을 할 권리가 있는가 없는가 하는 건 도덕의 문제야. 무엇이 '옳은' 도덕규범인지 밝히는 일은 분명 상대주의 정신에 어긋날 거야. 가치문제에 관해 상대주의가 중립적 태도를 취한다면 당연히 '편협이 포용보다 더 좋다'고 하지 않지만 마찬가지로 '포용이 편협보다 더 좋다'고도 하지 않겠지. 그 문제에 대한 판단은 각자 입장에 맡기는 거지. 포용적인 상대주의자가 되는 데 아무 모순이 없듯이 편협한 상대주의자가 되는 데에도 아무 모순이 없는 거야.

밥: 솔직히 난 상대주의가 무슨 소리를 하는지 잘 모르겠네. 마법 때문에 내 다리가 부러졌다고 말했을 때 자크는 드러내놓고 동의하지도 않고 반대하지도 않았지. 다만 '그건 네 입장'이라고만 했어.

자크: 그게 내 입장이야, 밥.

밥: 솔직하게 말해봐, 자크. 네 입장에서는 내 다리가 마법으로 부러진 게 아니었다고도 말하지 않아?

자크: 밥, 내 입장에서 보면 마법으로 부러진 게 아니었어. 하지만 그건 내 입장일 뿐이야.

밥: 남자답게 큰 소리로 내 다리가 마법으로 부러진 게 아니었다고 말할래?

자크: 아까 말했잖아. 내 입장에서 보면 마법으로 부러진 게 아니었다고. 내가 클린트 이스트우드처럼 행동하기를 기대하진 마.

밥: 나한테 총을 쏘라는 게 아니잖아. 네 입장일 뿐이라는 말을 덧붙여서 주장을 약화시키지 말고 그냥 '밥의 다리는 마법으로 부러진 게 아니었다'고 말할 용기가 있는지 없는지 묻는 거라고.

자크: 밥, 난 뭐든 말할 때 늘 내 입장에서 말해.

밥: 하지만 내 입장에서 보면 내 다리가 마법으로 부러진 거라고 동의하잖아.

자크: 맞아, 그건 네 입장이지, 밥.

밥: 그게 내 입장이라는 걸 네가 어떻게 알아?

자크: 네가 그렇게 말했잖아, 밥.

밥: 내가 거짓말을 했을지도 모르지. 너희도 알다시피 난 마녀를 믿는 척했던 것뿐이야.

세라: 그런 척했던 거라고?

밥: 아니, 당연히 아니지. 나 그런 사람 아니야. 하지만 너와 자크는 내가 하는 말에 의존하는 수밖에 없잖아. 내가 머릿속에서 무슨 생각을 하는지 실제로는 알지 못하지.

자크: 좋아, 밥. 내 입장에서 보면 이런 거야. 즉 너의 입장에서 보면 네 다리가 마법으로 부러졌다는 거지.

밥: 네 입장이 무엇인지 네가 알고 있다고 확신해?

자크: 뭐가 문제야, 밥?

세라: 사실은 밥이 뭔가 제대로 짚은 거 같아. 다른 누군가의 머릿속에 무슨 생각이 들어 있는지 아는 일만 어려운 게 아니야. 때로는 자신의 머릿속에 무슨 생각이 들어 있는지 아는 일도 어려워. 자기를 이해하기가 늘 쉬운 건 아니지. 예를 들어 사랑에 빠졌는지 아닌지에 대해서도 착각할 때가 있어. 자크, 네가 이제껏 말했던 것 중 몇 가지에 대해서는 내 입장이 무엇인지 나도 명확하게 알지 못하겠어.

밥: 자크, 넌 항상 너의 생각을 알고 있니?

자크: 밥, 그 점에서 내가 다른 누구보다도 낫다고 주장하지는 않아.

세라: 난 솔직하게 말하려는 의도로 사람들에게 뭔가를 믿는다고 이야기하고서도 시간이 지나면 사실은 그 당시에도 내가 정말로 믿은 게 아니었음을 깨닫는 때가 있어. 예를 들어 어렸을 때 친구들과 이빨 요정이 정말로 있는지 토론하곤 했지. 나는 이빨 요정의 존재를 믿는다고 친구들에게 확실하게 이야기했던 기억이 나. 그러고 나서 불과 몇 초 후 문득 떠오른 생각은, 지난 몇 달 동안 내가 이빨 요정이 존재한다고 믿지 않았다는 거야. 베개 아래 엄마나 아빠가 돈을 놓아둔 걸 완벽하게 잘 알고 있었지. 자크, 너한테도 그런 일이 있니?

자크: 나도 사람이야, 세라.

세라: 정말 그런지 확인하고 싶었어. 그렇다면 너의 다른 생각들과 마찬가지로 네 의견에 대한 너의 생각도 틀릴 수 있는 거네. 난 그 점이 헷갈리거든. 네가 무심결에 밥의 다리가 마법으로 부러진 게 아니라고 말하는 거야. 그 말에 밥이 이의를 제기하면 넌 네 입장에서 볼 때 밥의 다리가 마법으로 부러진 게 아니라고 말하며 뒤로 물러서지. 밥은 그것이 실제로 네 입장이라고 당연히 동의해. 그런데 내가 미심쩍은 생각이 들기 시작했다고 하자. 그러니까 자크, 네가 실제 너 자신의 생각을 알지 못하고 마음 깊은 곳에서는 마녀를 믿고 있다는 의심이 드는 거야. 그래서 난 네 주장, 즉 네 입장에서 볼 때 밥의 다리가 마법으로 부러진 게 아니라던 네 주장에 대해 의문을 제기하지. 그게 진짜 네 입장이 아니라고 의심하는 거야. 그럴 때 넌 뭐라고 말할래?

자크: 내 입장에서 볼 때 밥의 다리가 마법으로 부러진 게 아니라는 게 나의 입장이라고 말할 거야.

세라: 어쩌면 넌 네가 생각하는 것만큼 상대주의자가 아닐지도 몰라. 상대주의가 정말 너의 입장이라는 걸 어떻게 알아?

자크: 좋아, 세라. 내 입장에서 볼 때 상대주의가 나의 입장이야.

밥: 뭔 소린지.

세라: 밥, 지금 상황은 자크가 의견 충돌의 위협에 직면할 때 일반적인 전술을 쓴다는 거야. 직전에 무슨 이야기를 했든 대답에

'내 입장에서 볼 때……' 하고 덧붙이는 거지. 네가 자크의 주장 중 하나에 이의를 제기하면 그는 이전 주장이 자신의 입장이라는 식으로 다른 주장으로 옮겨가는 거지.

밥: 나도 눈치챘어.

세라: 자크 자신의 입장에 대해 자크가 주장한 내용을 놓고 누군가 캐물을 때에도 그런 전술을 쓰는 거야. 그 자신의 입장을 바라보는 그의 입장이 그러하다는 식으로 후퇴하는 거지.

자크: '후퇴'라는 표현은 인정할 수 없어, 세라. 차라리 '전진'이라고 하겠어. 그 의견이 나 자신의 입장일 뿐이라고 정직하게 밝히는 거니까.

세라: 네가 애초에 했던 말에서 한 발 빼고 그 대신 너 자신의 입장을 주장한다는 의미에서 후퇴인 거지. 우리는 밥의 다리가 부러진 원인에 대해 이야기하던 중이었지, 너에 대해 이야기하던 중이 아니었다고, 자크. 우리는 네 입장에 관해서 말하던 게 아니라고.

자크: 우리는 제각기 자기 입장에서 이야기할 뿐이야, 세라. 내 입장 말고 다른 누군가의 입장에서 이야기해달라는 거야?

세라: 어떤 입장에서 이야기하는 것과 그것에 관해서 이야기하는 건 같지 않아.

자크: 우리는 자신의 생각이 어디서 나온 건지 솔직하게 드러내야 해.

세라: 맞아, 하지만 필요할 때마다 주제를 바꾸고 그저 자신에

대해서만 말하기 위한 변명으로 이용해서는 안 되지. 넌 끝도 없이 무한히 이어지는 후퇴를 시작한 거라고. 네 주장 중 하나에 이의가 제기될 때마다 넌 그 자리를 지키는 게 아니라, 앞서 말했던 내용 앞에 '내 입장에서 보면'이라는 말을 덧붙임으로써 다시 한 걸음 물러서는 거지. 너한테는 고정된 입장이 없어.

자크: 고정되어 있는 게 뭐가 그렇게 좋아, 세라? 다들 이 기차가 한 자리에 고정되어 있지 않고 잘 달리니까 좋아하잖아.

세라: 그건 다른 문제야. 이 기차 여행이 영원히 계속되지는 않아. 그다지 많은 운이 따르지 않아도 이 기차는 우리를 목적지까지 데려다줄 거야. 네 후퇴에는 목적지가 없어. 목적지를 정해놓았더라도 압박을 받으면 언제나 한 걸음 뒤로 물러나기 때문이지. 비유를 바꿔서 말해볼게. 넌 반짝거리는 신상품인 상대주의를 우리에게 팔려는 거야.

자크: 말도 안 돼, 세라. 상대주의는 오래된 통찰이야. 심지어는 고대 그리스에도 프로타고라스 같은 상대주의자가 있었어.

세라: 좋아, 정 그렇다면 낡고 오래된 상품인 상대주의를 팔려는 거라고 해두지. 우리가 너한테 묻는 건 대체 우리가 살 상품이 정확히 어떤 물건이냐는 거야. 네 말대로라면, 상대주의는 입장을 바라보는 하나의 입장이며 어떤 입장도 절대적으로 옳거나 절대적으로 그른 입장은 없다는 입장인 거지.

자크: 맞아, 하지만 너네한테 상대주의를 팔려는 게 아니야. 공

짜로 주는 거야. 어떤 대가가 드는 게 아니라고. 상대주의가 유용하다고 여기는 사람이라면 아주 좋은 일이지. 상대주의를 이용하지 않겠다면 그것은 너의 결정인 거야.

밥: 어떤 차량 정비소에서 내게 공짜로 차를 주겠다고 제안한다면 난 그 차를 끌고 다니기 겁날 거야. 차에 무슨 문제가 있을지 누가 알겠어?

세라: 아무튼 지불할 대가는 있는 거야. 우린 현재 있는 차, 절대주의를 내놓고 다른 것을 타야 하니까.

자크: 현재 있는 네 차가 없어지는 거지, 세라.

세라: 논점으로 돌아가고 싶어. 자크가 팔려는 중고차가 그의 주장만큼 멋진 게 아니라고 누군가 주장하는 거야. 좀 전에 우리가 이야기했던 비판을 떠올려보자고. 상대주의는 모든 입장을 바라보는 입장이므로 상대주의 자체에도 상대주의를 적용할 수 있어야 한다는 비판 말이야. 그렇지, 자크?

자크: 그래, 세라. 맞는 말이야.

세라: 따라서 상대주의는 절대적으로 옳은 게 아니라는 의미가 상대주의에 포함되어 있지.

자크: 거기에 무슨 문제가 있어, 세라? 상대주의를 비롯해 어떤 입장이든 절대적으로 옳거나 절대적으로 그르지 않다는 게 여전히 내 입장이야.

세라: 내가 불만인 게 바로 그 점이라고. 네가 팔려는 차에는 이

런 딱지가 붙어 있는 거지. '이 차가 다른 어떤 차보다 더 좋은 건 아니에요.'

밥: 그래도 유머 감각은 있는 영업 사원이네.

자크: 게다가 겸손하기까지 해.

세라: 네게 팔려는 중고차가 그다지 특별할 건 없다고 농담처럼 말했지만, 그럼에도 이 영업 사원이 너한테 속이려는 게 있을지도 몰라. 그 차가 실제로 시동이 걸리는지 물어보니까, 그는 주제를 바꿔서 자신에 대해서 이야기하고 자기가 그 차를 얼마나 좋아하는지 말하는 거야. 그럼 넌 그 차를 살 거니?

자크: 시험 운전을 해볼 수 있지.

세라: 그 정도도 위험할 수 있지.

밥: 그 차를 볼 수 있기나 한 건지 모르겠다. 자크는 자꾸 말을 바꾸잖아. 자크가 팔려는 게 뭔지 난 모르겠어.

세라: 맞아. 네가 시험 운전을 하려고 차에 타려 하면 자크는 팔려는 차가 다른 데 있다고 하지. 우리가 상대주의를 사더라도 결국 헛된 것에 대가를 지불하게 될 거야.

자크: 자, 냉정을 찾자. 모두들 심호흡도 하고. 하나, 둘, 셋, 넷, 다섯, 아아아아아. 내가 무슨 이야기를 하고 너희 중 한 명이 자기 나름의 다른 입장을 제시하여 대답을 했더니 내가 처음에 말한 내용에 대해 '내 입장에서 보면 그렇다'고 말한다고 하자. 그렇다고 내가 처음 말한 바를 철회하는 건 아니야. 그 내용은 그대로 있어. 다만 내 입장을 누군가에게 강요하려는 게 아님을 강조할 뿐이지. 내가 말한 내용이 절대적으로 옳으며 너희가 다르게 말한 내용이 절대적으로 그르다고 주장하는 게 아니라고. 다만 내가 신처럼 행동하려는 게 아니라고 말할 뿐이지.

밥: 우리가 널 보고 신처럼 행동하려 든다고 생각할까 봐 왜 그렇게 겁을 내는 거야? 내가 동의하지 못하는 말을 세라가 할 때 난 그녀가 신처럼 행동하려는 게 아니라는 걸 알아. 그냥 자기 생각을 말하는 거지. 자크, 네 자신을 신으로 내세우려는 게 아니라고 그렇게 계속 부정하지 않아도, 난 네가 그럴 수도 있다는 생각은 조금도 하지 않아.

자크: 잘못된 인상을 주지 않으려는 것뿐이야, 밥. 사람마다 제각기 입장이 다르며 그런 다양성이 바람직하다고 모든 사람이 받아들이지 않는다면, 그저 상처만 입히는 논쟁이 일어나거든.

세라: 맞아. 네가 이제껏 말해왔던 대부분 내용이 우리 모두 오류를 범할 수 있는 인간이라는 점을 밥과 내게 상기시키려는 의도일 뿐이었다고 치자. 또한 나나 밥 모두 그런 사실을 이미 잘 알고

있다고 하자. 그렇더라도 우린 아직 네가 말하는 상대주의의 의미가 무엇인지 아리송해. 상대주의란 뭔가를 말하면서도 혹시 다른 누군가가 말할지도 모르는 다른 내용에 대해서 전혀 배제하지 않는 거라면, 대체 상대주의에서는 무엇을 이야기할 수 있을까? 말하자면 이런 식인 거지. '이 차는 빨간 색이야. 하지만 네가 이 색을 초록이나 파랑, 또는 노랑이라고 표현한대도 그 역시 제대로 표현한 것일 수 있어.'

밥: 우리 동네에 사는 나이 든 히피 한 명은 스프레이로 그렇게 칠한 차를 몰고 다녀.

세라: 그건 온통 빨강이면서 동시에 온통 초록은 아니잖아. 내 논점을 분명하게 하려면 좀 더 명확한 방식이 필요하다고.

자크: 재미없는 비유야.

세라: 그럼 다른 걸로 바꿀게. '모든 입장은 단지 하나의 입장일 뿐이다.' 네가 말하는 상대주의를 이렇게 표현해도 돼?

자크: 어떤 의미에서는 맞아, 세라. 네가 마음에 든다면 그렇게 말해도 돼.

세라: '마법이 통한다'고 밥이 말하고 이에 대해 내가 '그건 너의 입장일 뿐이야'라고 대답한다면 나는 밥의 주장을 지지하지 않는 셈이야. 그 주장이 그의 믿음이라고 인정하면서도 '뿐'이라는 말을 붙여서 그의 믿음 그 이상은 아니라고, 즉 마법이 실제로 통하는 게 아니라고 부정하는 거지. 마찬가지로 자크가 무슨 말을 하고 나

/ 내가 옳고, 네가 틀려!

서 조금 있다가 '그건 내 입장일 뿐이야'라고 말한다면 앞선 주장을 지지하지 않고 부인하는 것처럼 들려. 자크가 뒤로 물러서는 거 아니냐고 밥과 내가 불만스럽게 여기는 게 바로 그 점이지. 그런데 지금 자크는 앞서 말한 자기주장을 부인하는 게 아니라고 말하고 있어.

자크: 맞아, 부인하는 게 아니야, 세라.

세라: 너는 네 믿음이라고 인정하면서, 네 믿음 그 이상이라는 점도 부인하지 않아. 그러니까 이전에 밝힌 생각에다가 덧붙이는 것이지, 다른 생각으로 대체하는 게 아니야. 그러니 우리는 '뿐'이라는 표현을 빼야 해. 단지 너의 입장일 뿐이라는 의미로 말한 게 아니니까.

자크: 원하면 빼. 그 표현은 네가 한 거지, 내가 한 게 아니야.

세라: 그러지. 이제 상대주의에서는 '모든 입장이 하나의 입장일 뿐이야'라고 말하는 대신 '모든 입장은 하나의 입장이야'라고 말하는 거야.

자크: 그렇지.

세라: 그래. 하지만 그렇게 되면 상대주의는 완전히 하찮은 것이 돼버려! 모든 입장이 하나의 입장이라는 데 대해서는 모든 사람, 심지어는 가장 강경한 절대주의자라도 동의하지.

자크: 세라, 넌 상대주의를 하나의 공식으로 환원하려 하고 있어. 상대주의는 그 밖의 다른 이론과 경쟁 관계에 있는 또 하나의

이론만은 아니야. 상대주의는 삶에 대한 태도에 더 가까워.

밥: 무슨 태도를 말하는 거야?

세라: 자크, 우리 사회에는 스스로를 상대주의자로 여기지 않는 사람이 많은데 너도 그들과 별반 다르지 않은 것 같아. 너도 우리처럼 오류를 범할 수 있는 인간이고 내가 아는 한 누군가를 학살한 적도 없어. 하지만 학살을 하지 않았다고 대단하게 특이한 업적이라고는 할 수 없지. 그렇다면 '입장'이라는 말을 과도하게 쓰는 것 말고 널 상대주의자로 볼 수 있는 차이점은 뭐야?

자크: 그게 말이야, 세라. 절대주의자가 말하지 않는, 상대주의자의 어떤 말들 속에 차이점이 있다기보다는 상대주의자가 하지 않는 절대주의자의 어떤 말들 속에 차이점이 있다고 할 수 있어.

세라: 예를 들면 뭐?

자크: '옳다'와 '그르다' 혹은 '진실'과 '거짓' 같은 독단적 표현들이지. 그런 위협적인 표현을 마구 내뱉기 시작하고 그에 따라 행동할 때 나쁜 일들이 벌어지지. 폭격, 침략, 강요된 개종, 신이나 진보의 이름으로 자행되는 학살 등등 내가 전에 언급했던 것들 말이야. 상대주의는 그 모든 걸 피해갈 수 있는 기회를 제공해.

세라: 상대주의에서 하는 말 말고 절대주의에서 무슨 말을 하는지 먼저 이해하려고 해야겠네. 그러면 상대주의자가 무엇을 피하려 하는지 알게 될 거야.

자크: 이제 이해하기 시작하는구나, 세라.

세라: 자크, 기차가 역에 들어서니 내리고 타는 사람들의 소란이 가라앉을 때까지, 우리가 잠시 이 대화를 중단해야 한다는 쪽으로 네 입장이 바뀌도록 강제적이지 않은 방식으로 네 생각을 돌려놓아도 될까?

자크: 나도 그런 입장이야, 세라.

밥: 현대 과학과 상대주의가 뭔가 합의점을 찾았군.

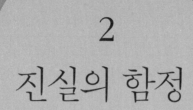

2
진실의 함정

나는 맞다. 하지만 틀릴 수도 있다.

진실과 거짓은 어떻게 가르는가?

자크: 아, 드디어 출발한다.

록사나: 지금 앉아 있는 그 자리 내 자리야.

자크: 확실해?

록사나: 응. 여기 예약표에 숫자가 적혀 있어.

자크: 미안. 어질러놓은 거 치울게.

세라: 내 옆자리는 예약 안 돼 있어.

자크: 고마워, 세라. 마침 아주 잘됐다.

세라: 자크, (네가 말했듯이) '진실'과 '거짓' 같은 절대주의적 단어를 쓰는 게 어떤 점에서 나쁜지 말해주기로 했잖아. 증거에 입각하여 진실을 주장할 권리, 나아가 마법이 통하지 않는다는 게 진실이고 마법이 통한다는 게 거짓이라고 주장할 권리, 아니 그럴 의무가 없는 거야?

밥: 그렇다면 나는? 마법이 통한다는 게 진실이고 마법이 통하지 않는다는 게 거짓이라고 말할 수 없는 거야?

자크: 아직도 계속 그런 주장을 하다니, 못 말리겠구나. 그런데 너희들이 왜 다시 한 번 생각해봐야 하는지 그 이유가 여기에 있어. 진실이 거짓보다 더 좋다고 여기는 거지, 그렇지 않아, 세라?

세라: 당연히 그렇지.

밥: 바보가 아니고서야 다들 자기가 그른 것보다 옳은 걸 좋아하지.

자크: 그럼 세라, 네 믿음이 진실이고 밥의 믿음이 거짓이라고 말할 때, 네 말 속에는 네 믿음이 밥의 믿음보다 더 훌륭하고 따라서 적어도 그 점에서는 네가 밥보다 훌륭하다는 의미가 담겨 있겠지. 그리고 밥, 네 믿음이 진실이고 세라의 믿음이 거짓이라고 말할 때, 네 말 속에는 네 믿음이 세라의 믿음보다 더 훌륭하고 따라서 그 점에서는 네가 세라보다 훌륭하다는 의미가 담겼을 테고. 너희 둘은 정말로 자신이 상대보다 우월하다고 주장하고 싶은 거야?

세라: 아주 개인적인 문제인 것처럼 이야기하네. 마법이 통하지 않는다는 믿음은 그저 내 개인적인 의견이 아니야. 나의 믿음만은 아니라고. 과학 교육을 받은 모든 사람이 함께하는 믿음이지. 그리고 마법이 통한다는 밥의 믿음도 그의 믿음만은 아니야. 과거든 현재든 미신을 믿는 다른 사람과 함께하는 믿음이지. 사실에 관한 문제는 각 개인과 상관 없는 객관적 방식으로 논의되어야 해. 마법이 통한다는 주장이 진실인지 아닌지의 문제는 여느 개인의 믿음에 따라 정해지는 게 아니야.

밥: 그 문제의 개인적인 측면을 완전히 배제할 수는 없어. 마법이 통한다는 게 거짓이라는 너의 말은 네가 마법이 통하지 않는다고 믿는다는 것을 암시해. 그렇지 않다면 넌 그 말을 할 때 진실하지 않았던 거지.

세라: 좋아. 하지만 그 문제로 이러쿵저러쿵 할 필요는 없어. 문제는 마법에 관한 것이지, 너나 나나 자크에 관한 것이 아니니까.

밥: 내가 마법 때문에 피해를 입은 희생자라면 바로 나에 관한 문제야.

세라: 그건 하나의 증거 목록, 즉 표본 사례로서 네가 관련되는 거지, 토론의 참여자로서 네가 관련되는 건 아니야.

밥: 날 둘로 쪼개지 마. 마법과 관련된 개인적인 경험 덕분에 나는 토론에 응할 힘을 얻는 거고 그건 너희들한테 없는 거지. 마법이 우리와 아무 상관이 없는 양 마법 문제를 논의할 수는 없어.

자크: 과학에서도 토론은 개인적으로 예민한 면을 띠지. 과학계의 명성과 야망이 걸려 있거든. 어떤 과학자가 실험 설계를 아주 잘했다고 평가받으면 명성이 올라가지.

밥: 영광이겠네.

자크: 네 입장에서 그렇지, 밥. 그리고 설계를 잘하지 못했다고 평가받으면 명성이 내려가고.

밥: 창피하겠군.

자크: 그것도 네 입장이고. 아무튼 기금이나 승진이 그런 사항

들에 따라 정해져.

세라: 물론 그렇겠지. 하지만 실험 설계가 잘되었는지 잘못되었는지 판단하려면 개인과 상관없이 객관적으로 설계를 검토해야 해. 관련된 사람들을 판단하는 건 다음 문제고, 그 역시 마찬가지로 객관적이어야 하지.

자크: 너도 동의하겠지만 세라, 네가 마법에 대한 밥의 믿음이 거짓이라고 주장하고 다른 사람도 네 판단을 인정한다면 밥의 위신에 좋은 일은 아니잖아. 제대로 알지 못하는 내용을 말한 사람이 되어 신뢰를 잃는 셈이니까.

세라: 지금은 그 문제가 아니야.

밥: 내게는 문제지.

자크: 세라, 네 믿음이 진실이고 밥의 믿음이 거짓이라고 생각하며 또 그렇게 말할 때에는 너나 밥 둘 모두에게 그에 따른 결과가 생기는 거야. 신중해야 해.

세라: 신중하게 하고 있어. 밥과 내 의견이 다를 때마다 늘 내가 옳고 그가 그르다는 말이 아니잖아. 내가 결코 틀리는 일이 없다고 절대로 생각하지 않아. 식물 기르는 일에서는 밥이 나보다 훨씬 많이 알아. 하지만 마법 문제에서는 내가 옳고 밥이 틀려.

자크: 말은 그렇게 해도, 세라, 네가 틀릴 수도 있다고 인정하지?

세라: 물론. 과학이란 결국 오류를 통해서 배우는 거니까. 마법

> 네 믿음이 진실이고 다른 사람 믿음이 거짓이라고
> 생각하며 또 그렇게 말할 때에는, 둘 모두에게
> 그에 따른 결과가 생기는 거야. 신중해야 해.

을 믿는 것 역시 인류 발전 과정에서 있었던 많은 오류 가운데 하나였지.

자크: 세라, 뭔가에 관해 네가 옳다고 주장하고 너와 의견이 다른 사람은 틀렸다고 여기는 입장에 서 있을 때 어떻게 느끼는지 정말 궁금해. 그 점에 관해 잠시 토론했으면 좋겠어. 네 모든 믿음이 옳다고 생각하니?

세라: 아니야, 말했잖아. 인간은 오류를 범할 수 있는 동물이라고. 거짓된 믿음도 많이 갖는 게 정상이지. 나라고 예외겠어? 분명 내 믿음 가운데 틀린 것도 많겠지.

자크: 한 가지 예를 들 수 있어, 세라?

세라: 밥이 삶에 대해 매우 인습적인 태도를 취한다고 믿은 적이 있었지. 오해였다고 지금은 인정해.

자크: 그럼 지금 믿는 것은 어떤데? 그것은 모두 진실이야?

세라: 아니, 과거 경험으로 볼 때 지금 내가 믿는 것 중에도 틀린 게 많을 거야. 지금의 많은 과학 이론이 장차 수정되어야 하리라고 알려주는 강력한 증거가 바로 과학의 역사지. 과거의 수많은 과학

이론들이 수정을 거쳐야 했거든. 비록 지금은 진실에 상당히 가까운 근사치라고 해도 그중 많은 이론들이 거짓일 거야. 내가 과학보다 훨씬 나은 척할 수는 없잖아.

자크: 그럼, 지금 너의 잘못된 믿음 하나만 예를 들어볼 수 있어?

세라: 그건 앞뒤가 맞지 않는 요구야! 지금 내가 믿는 것 중 무엇이 거짓인지 안다면 그런 믿음은 진작에 버렸겠지. '내가 믿는 거짓이 있는데 그 내용은 이러러러해.' 이런 말을 한다면 얼마나 우스꽝스럽겠어? 지금 내가 믿는 것 중에 거짓도 있겠지만 아직은 어떤 건지 모르지.

자크: 그럼 세라, 지금 네가 믿는 것 중 어떤 것에 대해 내가 묻는다면, 넌 그중 거짓이 있다는 걸 인정하면서도 진실이라고 말하겠구나. 그건 모순이 없는 거야?

세라: 으음, 아주 정확하게 해두자면 이런 거야. 지금 내가 믿는 것 중 어떤 것에 대해 네가 묻는다면, 나는 내 증거에 입각해서 십중팔구 진실일 거라고 말하겠지. 과학은 결정적 증거로 움직이는 게 아니라 개연성으로 움직이지. 내가 믿는 모든 것이 진실일 개연성은 없지만 그래도 바라건대 내 믿음 하나하나에는 개연성이 있지. 이건 전혀 모순이 없어. 말하자면 제비뽑기라고나 할까. 제비뽑기를 하기 전까지는 어떤 대상도 꽝일 가능성이 있지만 모든 제비뽑기 대상이 전부 꽝일 개연성은 당연히 없어. 반드시 승자는 있

는 법이거든.

밥: 그렇다면 마법이 통하지 않는다는 것도 확실하진 않네. 인정해.

세라: 맞아. 마법이 통하지 않을 개연성이 매우 높지만 엄격하게 따져 확실하지는 않지.

밥: 지금 우리 셋이 기차에 타고 있고 우리 눈으로 기차를 보고 있다는 사실보다 개연성이 없다는 거지?

세라: 우리가 가진 증거로 볼 때 지금 우리가 기차에 타고 있을 개연성은 마법이 통하지 않을 개연성에 비하면 아주 훨씬 높지. 두 가지 모두 절대적으로 확실하지는 않아.

밥: 적어도 내가 틀렸다는 게 확실하지 않다는 건 인정을 하는구나.

자크: 세라, 현대 과학이 진실과 거짓이라는 낡은 이분법 대신 개연성의 정도를 적용하고 있다고 말하는 거니?

세라: 그렇게 말해도 될 거 같아.

자크: 네 입장 가운데 내 마음에 드는 게 점점 많아지고 있어.

세라: 모든 이론이 증거에 입각해 동일한 개연성을 갖는다는 얘기가 아니야. 내 말은, 개연성이 완전히 없다고는 할 수 없는 것들이 훨씬 많지만, 그중에서는 다른 것에 비해 개연성이 훨씬 큰 것들이 있다는 거야. 서로 엇갈리는 의견을 말하더라도 한쪽 입장이 상대 입장보다 개연성이 더 크다는 이야기일 뿐, 결코 한쪽은 확실

하게 옳고 다른 쪽은 확실하게 틀렸다는 말이 아니라는 걸 안다면 보다 덜 개인적으로 받아들이겠지.

밥: 마법이 통하지 않는다는 주장을 여전히 대놓고 하는 거니, 아니면 마법이 통하지 않을 개연성이 있다고 얘기하는 것뿐이니?

세라: 우리가 가진 증거로 볼 때 마법이 통할 개연성이 아주 적다고 이야기하는 거야.

밥: 그럼 우린 여전히 의견이 다른 거구나. 난 우리가 가진 증거로 볼 때 마법이 통할 개연성이 많다고 말하는 거니까. 개연성의 정도에 대해 네가 옳게 알고 있다고 확신하니, 세라?

세라: 응, 자신해.

밥: 어떤 개연성에 대해 과소평가하거나 과대평가한 적은 없어?

세라: 개연성과 관련해서 결코 틀리지 않는다고는 할 수 없어. 카드 게임에서 지고 난 뒤 그 이유를 나중에 생각해볼 때가 있지. 내가 개연성을 잘못 판단했음을 깨달을 때가 있어. 자크나 너나 마찬가지로 나도 인간이야. 뭐든 틀릴 수 있지.

밥: 마법이 통할 개연성에 대해서도 틀릴 수 있겠네?

세라: 원칙적으로는 그렇지. 하지만 이 경우에는 개연성이 없는 게 확실해.

밥: 그런데 마법이 통할 개연성이 거의 없다고 네가 말하더라도 개연성이 거의 없다는 네 말이 절대적으로 확실하지 않다는 건 동의하지?

세라: 당연하지. 우리가 가진 증거로 볼 때 마법이 통할 개연성이 없다는 내 판단은 절대적으로 확실한 건 아니야. 절대적으로 확실한 건 아무것도 없지. 하지만 마법이 통하지 않을 개연성이 아주 높을 개연성은 매우 높지.

자크: 개연성이 높을 개연성이라니, 세라! 너무 신중한 거 아니야? 다음번에는 개연성이 높을 개연성이 높은 개연성이라고 말하겠구나.

세라: 원칙적으로는 그래.

밥: 그 얘기를 들으니 뭔가 깨닫는 바가 있어. 네가 자크에게 한 말을 내가 제대로 이해한 거라면 넌 진실과 거짓의 입장이 아니라 개연성이 높거나 낮다는 입장에서 생각하고 싶은 거야.

세라: 맞아. 그게 일반적인 관념이지.

자크: 세라, 상대주의자 조직에 들어온 걸 환영한다! 내가 하라는 대로 '진실'이니 '거짓'이니 하는 독단적인 표현들을 버리고 있잖아.

세라: 잘난 척하지 마, 자크. 난 상대주의자가 아니야. 개연성의 정도가 다른 것에 비해 더 높은 게 분명 있다고.

자크: 그렇다고 확신하는 거야, 세라?

세라: 미안하지만, 내겐 여전히 충분한 확신이 있어.

밥: 네가 전에 뭐라고 말했는지 옮겨볼게. 넌 마법 같은 것들에 관해 틀릴 수도 있기 때문에 마법이 통하지 않는다고 명백하게 못

박아 말하는 건 아니라고 했어. 마법이 통하지 않을 개연성이 높다고 말할 뿐이라고 했지. 그렇다면 방금 인정했듯이 개연성에 관해서도 틀릴 수 있으니, 실제로 네 말은 마법이 통하지 않을 개연성이 높다는 거야, 아니면 마법이 통하지 않을 개연성이 높을 개연성이 높다고 말하는 것뿐이야?

세라: 밥, 다른 사람도 아니고 네가 그렇게 세세하게 따지다니 정말 놀랍다.

밥: 이 게임을 어떻게 풀어나가야 할지 내가 이해하기 시작했다고 해서 비난하지는 마. 네가 전에 말했듯이 우린 논점에 충실해야지, 개인 문제로 해석해서는 안 되잖아. 자, 내 질문에 뭐라고 대답할 건데?

세라: 굳이 대답을 하라니 복잡하게 답해도 뭐라고 하지 마. 내 주장을 정리하면, 마법이 통하지 않을 개연성이 아주 높을 개연성이 매우 높다는 거야. 당연히 현재의 증거로 판단하는 개연성을 말하는 거고. 과학이 덜 발달했던 과거의 증거에 의하면 개연성은 달랐겠지. 또한 과학이 지금보다 훨씬 발달할 미래의 증거로 판단하면 그 개연성이 또 달라질 테고.

밥: 네 말을 듣고 있으니 자크 생각이 난다. 이전 정거장에 도착하기 전 자크가 그런 식으로 곤란한 문제에 부닥쳤었잖아.

자크: 그건 곤란한 문제가 아니었어, 밥.

밥: 그건 네 입장일 뿐이야, 자크. 네가 무슨 이야기를 할 때마

다, 그리고 세라나 내가 그에 대해 따지면서 추궁할 때마다 넌 뒤로 물러나고, 애초 했던 말은 네 입장이었다는 식으로 후퇴했지.

자크: 그건 명확한 의미를 밝히는 거지, 후퇴가 아니야.

밥: 정 그렇다면 명확한 의미를 밝힌 거라고 해두지. 내 입장에서 보았을 때, 자크, 넌 한 번도 네 의견을 고수한 적이 없어. 이제 세라가 무슨 이야기를 하고 그에 대해 너나 내가 따지면서 추궁하면 그녀는 뒤로 물러나서, 애초 그녀가 말한 내용의 개연성이 높다는 식으로 말해. '현재의 증거로 볼 때 개연성이 높다'는 말이 과학적으로 들린다면 '그게 내 입장'이라는 말은 초월적으로 들리지. 둘 다 실은 주장의 내용을 바꾸는 거야. 세라, 정말로 네 주장을 버린 거니?

세라: 밥, 무슨 말인지 알겠어. 자크, 기분 나쁘게 듣지 말았으면 좋겠는데, 남들이 내가 너처럼 말한다고 보는 건 싫어.

자크: 전혀 그렇지 않아, 세라. 너의 다른 입장을 존중해. 입장은 많을수록 좋은 거야.

세라: 어리석은 입장이 많아지면 혼란만 가중될 뿐이야. 아무튼 개연성이 높을 개연성이 높다는 식의 후퇴가 입장에 대한 입장이라는 식의 한없는 후퇴보다 그리 나을 것도 없지. 어디선가는 내 주장을 확고하게 세워야 해. 그때에는 분명하게 단정 지어 말하겠어. 마법은 통하지 않는다고.

밥: 넌 줄곧 그렇게 생각해왔잖아.

> 한쪽 입장이 상대 입장보다 개연성이
> 더 크다는 뜻일 뿐, 결코 한쪽은 확실히 옳고
> 다른 쪽은 확실하게 틀렸다는 말이 아니야.

세라: 그와 더불어 명확하게 말할 거야. 마법이 통하지 않을 개연성이 매우 높다고. 내게 더 이상의 후퇴는 없어.

자크: 세라, 들어보니 분명 나랑 같은 식이야. 우선 내 입장을 밝힌다, 그런 다음 그 입장을 그대로 둔 채(그런 점에서 후퇴가 아닌 거야, 밥) 그것이 내 입장이라고 덧붙여 밝힌다.

세라: 너랑 나랑은 차이가 있어. 네가 처음에 밝힌 내용이 네 입장이라고 덧붙이는 일은 불필요한 군더더기야. 왜냐하면 우리 모두는 어쨌든 그게 당연히 네 입장이라고 여기고 있으니까.(너의 입장일 뿐이라고 한다면 그건 군더더기가 아니지. 네가 처음에 했던 말에 대한 보증을 철회하는 거니까. 그 경우에 넌 말로는 아니라고 해도 후퇴를 하는 셈이지.) 이제 내가 뭔가 말을 한 뒤 그 내용에 개연성이 있다고 덧붙였다고 하자. 또한 그저 개연성이 있을 뿐이라고 하지 않고 애초 주장을 그대로 견지한다면 그건 군더더기가 아니야. 왜냐하면 증거에 따른 개연성에 호소함으로써 내가 처음에 말한 내용을 실제로 지지하기 때문이지.

밥: 그 개연성 얘기는 포기하지 않는 거네.

세라: 응. 우리에게는 여전히 그 개념이 필요하거든. 때때로 개연성에 대한 진술만 할 수 있는 경우도 있어. 내기 동전을 던지기 전 나는 '앞면이 나올 거야'라고 말할 수도 없고 '뒷면이 나올 거야'라고 말할 수도 없어. 다만 '앞면이 나올 가능성이 50퍼센트이고 뒷면이 나올 가능성이 50퍼센트야'라는 말만 할 수 있지. 하지만 동전을 던지고 앞면이 나온 걸 본 뒤에는 '앞면이 나왔어'라고 말할 충분한 증거가 생겨. 그때에는 개연성에 관해 설명하는 수준에 나를 가둬둘 필요가 없어. 마찬가지로 '마법이 통하지 않는다'는 진술에 대해서도 동일한 태도를 취할 거야. 증거가 충분하기 때문이지.

자크: 그럼 세라, 네가 '마법이 통하지 않아'라고 말할 때 그 말은 즉, '마법이 통하지 않는다는 게 진실이야'라고 이야기하는 거네?

세라: 그런 말은 좀 독단적으로 들리겠지. '진실'이라고 말할 필요는 없어. 대신 '증거에 의하면 개연성이 높다'고만 말할 수 있지.

록사나: 넌 논리에 대해 많이 알지 못하는 것 같아.

세라: 뭐라고 했니?

록사나: 넌 논리에 대해 많이 알지 못하는 것 같다고 했어.

세라: 그렇다면 넌 예의에 대해 많이 알지 못하는 것 같다.

록사나: 진실과 거짓에 대해 이해하고 싶다면 예의보다는 논리가 더 도움이 될 거야. 너희 중 누구라도 아리스토텔레스가 진실과

거짓에 관해 뭐라고 했는지 기억하는 사람 있니?

밥: 미안, 난 아리스토텔레스에 대해 아는 게 없어.

자크: 생각이 날 듯 날 듯 하면서도 안 나네.

세라: 아리스토텔레스의 학문은 이천 년이나 지난 케케묵은 거잖아.

록사나: 너희 중 아무도 모르는구나. 아리스토텔레스는 말했어. '그렇지 않은 것에 관해 그렇다고 말하거나 그러한 것에 대해 그렇지 않다고 말하는 것은 거짓이며, 그렇지 않은 것에 관해 그렇지 않다고 말하거나 그런 것에 대해 그렇다고 말하는 것은 진실이다.' 이런 단순한 원리가 진실과 거짓에 관한 논리학에서 근본 바탕을 이루지. 이 원리는 현대 연구에서도 여전히 중심 위치를 차지해. 진실과 거짓에 관한 논리학에 가장 커다란 기여를 했던 현대 폴란드 논리학자 알프레드 타르스키(Alfred Tarski)가 이 원리를 입증했어.

밥: 처음 듣는 이름이네. 아리스토텔레스의 말은 분명 지혜롭겠지. 어떤 의미인지 알았으면 좋겠다.

록사나: 너희 세 사람은 맨 처음부터 시작해야 할 것 같은데.

세라: 정말 고맙지만, 네 강의 없이도 우리는 잘 해나갈 수 있어.

록사나: 잘 해나가지 못할 게 뻔해.

자크: 미안한데, 네 이름을 못 들은 것 같아.

록사나: 당연히 못 들었지. 내가 말한 적이 없으니까.

자크: 이름이 뭔지 물어봐도 돼?

록사나: 그래도 되지만, 상관없는 문제잖아.

밥: 우리 모두 조바심할 이유도 없지. 이름이 뭐야?

록사나: 록사나야.

자크: 멋진 이름이다, 록사나. 난 자크야.

밥: 우리 대화 때문에 짜증났던 건 아니었으면 해.

록사나: 지적 훈련이 부족한 것 같아서 조금 열 받았을 뿐이야.

밥: 미안. 우리가 너무 흥분했었나 봐. 소개를 마무리하는 차원에서 난 밥이야, 이쪽은 세라고.

록사나: 시시한 이야기는 그 정도면 됐고. '세라'라는 애가 한 말 중에 무엇이 잘못되었는지 설명할게.

세라: '세라'라고 불러줘. '세라라는 애'라고 하지 말고, 부탁해.

밥: '세라'가 더 간단하지.

세라: 그뿐만이 아니야. 우린 소개를 했잖아. 그런데 모르는 사람처럼 그렇게 거리를 두고 부르는 건 무례해.

록사나: 우리가 서로 이름 부르는 사이여야 한다면 그렇게 하지. 그렇다고 네 실수를 설명하려는 나를 막을 수 있다고 기대는 마. 첫째, 너희 모두 이해할 수 있는 아주 간단한 예를 들어 진실과 거짓에 관한 아리스토텔레스의 주장을 구체적으로 설명할 거야. 한 가지 주장을 내놓을게.

밥: 그래, 해봐.

록사나: 방해하지 마.

밥: 난 수업 시간에 늘 교실 뒤에서 떠드는 애였거든.

자크: 밥은 신경 쓰지 마, 록사나. 다들 네 주장을 듣고 싶어 해. 자, 조용히 하자.

록사나: 사마르칸트는 우즈베키스탄에 있어.

세라: 그게 다야?

록사나: 그게 주장이야.

밥: 사마르칸트가 거기 있었구나. 늘 궁금했었는데.

록사나: 지리 말고 논리에 집중해. 사마르칸트에 관해 그런 주장을 할 때 나는 사마르칸트가 우즈베키스탄에 있는 경우, 오로지 그 경우에만 진실을 말하는 거야. 사마르칸트가 우즈베키스탄에 있지 않은 경우, 오로지 그 경우에만 거짓을 말하는 거지.

자크: 그게 끝이야, 록사나?

록사나: 그걸로 충분해.

밥: 알 것 같아. 진실은 사실대로 말하는 것이고 거짓은 사실과 다르게 말하는 것이구나. 아리스토텔레스가 하려는 얘기가 그거야?

록사나: 일단은 그런 식으로 바꿔 말해도 무방해.

세라: 이 경우에는 아리스토텔레스의 견해가 너무 시시하지 않아?

록사나: 그걸 이해하고 나면 그렇지. 그런데도 넌 그걸 어겼어.

세라: 내가 정신적으로 문제가 있다고 말하는 거니?

록사나: 아니, 그렇게까지 심한 말은 아니야. 단지 네가 진실과 거짓에 관한 논리학의 기본 원리를 어겼다고 지적하는 거지.

밥: 세라는 아주 똑똑하고 좋은 교육을 받은 애야, 록사나. 세라가 그랬을 거라고는 생각 안 해.

록사나: 넌 그렇게 생각하지만 세라는 기본 원리를 어겼어.

세라: 어떻게 어겼다는 거야?

록사나: 너희 셋 모두 잘 들어봐. 우선 세라는 마법이 통하지 않는다는 주장을 했어. 그러고 나서 마법이 통하지 않는다는 주장이 진실이라고 결론을 내려야 한다는 점에 대해서는 부정했지. 세라는 '진실'이라는 표현을 사용하기가 겁났던 거야. 하지만 아리스토텔레스가 말했듯이 그러한 것에 대해 그렇다고 말하고 그렇지 않은 것에 대해 그렇지 않다고 말하는 것이 진실이야. 그러니까 세라가 틀린 거지. 마법이 통하지 않는다고 말하는 사람은 누구든 마법이 통하지 않는다는 주장에 대해 그것이 진실이라고 반드시 결론을 내려야 해.

자크: 그건 세라의 문제지, 내 문제는 아니야, 록사나. 세라는 자기가 마법에 대해 가장 잘 안다고 주장했지.

록사나: 네 경우에는 보다 전반적인 혼란이 보였어. 넌 '진실'과 '거짓'이라는 표현을 삼가야 한다고 충고했지. 그런 표현을 쓰면 한쪽의 믿음이 다른 쪽의 믿음보다 좋다는 식의 논쟁적인 가치 판단으로 이어지기 때문이라는 이유를 들었고.

자크: 계속 해봐, 록사나. 그래서 진실이니 거짓이니 하는 표현을 쓰지 말아야 하는 거지.

록사나: 그런 말을 삼가도 소용없어. (밥의 구어체 용어로 말하면) 사실과 다르게 말하는 것보다 사실대로 말하는 것이 좋다는 암묵적인 가정에서 가치 판단이 비롯되니까.

밥: 아무나 구어체 용어를 구사할 줄 아는 건 아니야.

록사나: 조용히 해봐. 다시 시작해야겠다. 사실과 다르게 말하는 것보다 사실대로 말하는 것이 좋다는 암묵적인 가정에 따르면, 마법이 통한다는 네 주장 속에는 마법이 통하지 않는다고 말하는 것보다 마법이 통한다고 말하는 편이 더 좋다는 의미가 담겨 있지. 마법이 통한다면, 마법이 통한다고 말하는 것은 사실대로 말하는 것이고 마법이 통하지 않는다고 말하는 것은 사실과 다르게 말하는 셈이니까.

세라: 그러면 마법이 통하지 않는다는 나의 주장은 어떻게 되는 거야?

록사나: 같은 추론에 의해 네 주장 속에는 마법이 통한다고 말하는 것보다 마법이 통하지 않는다고 말하는 편이 좋다는 의미가 담겨 있지.

세라: 고마워.

록사나: 따라서 암묵적 가정에 따르면 어떤 주장이든 그 속에는 그 내용을 부정하는 것보다 그 내용을 주장하는 편이 좋다는 의미

> 아리스토텔레스가 말했듯이 그러한 것에 대해
> 그렇다고 말하고 그렇지 않은 것에 대해
> 그렇지 않다고 말하는 것이 진실이야.

가 담겨 있지.

세라: 요점이 뭐야?

록사나: 상대적 가치를 둘러싼 그런 논쟁들은 '진실'이나 '거짓' 같은 용어 없이도 생긴다는 거야. 밥은 마법이 통한다고 주장한 반면 세라는 그렇지 않다고 부정했기 때문에 이 논쟁이 생겼잖아. 마법을 둘러싸고 서로 사실을 말하려고 애썼던 거지. 사실을 말하는 쪽이 사실과 다르게 말하는 쪽을 이긴다면 진실이 거짓을 이기는 거니까.

자크: 몽둥이로 때리는 셈이지! 진실과 거짓이라는 언어에 담긴 폭력으로!

록사나: 우리 학교에 그렇게 자꾸 끼어들어 방해하다가 두들겨 맞은 애가 있었지. 내가 말하려던 건, '진실'이나 '거짓' 같은 표현을 쓰면 사실을 말하고 싶어 하는 근본적인 선호를 보다 적은 단어로도 진실에 대한 선호로 표현할 수 있게 되지. 그런 단어들은 선호를 설명하지 않아. 세라는 진실과 거짓에 관한 논리를 간단하게 무시해버렸고, 자크는 '진실'이나 '거짓' 같은 단어를 써서는 안 된

다고 제대로 알지 못한 채 순진하게 반대 주장을 폄으로써, 진실과 거짓에 관한 논리를 시종일관 무시했지.

자크: 잘못 이해했어, 록사나. 난 '진실'이나 '거짓' 같은 단어로 진부한 게임을 벌이지 말자고 거부한 건데, 왜 내가 그에 관한 규칙에 얽매여야 하는 거야?

록사나: 잘못 이해한 건 너야. 절대주의를 비판하는 과정에서 넌 그 규칙에 따라 게임을 하면 어떤 불쾌한 결과가 빚어지는지 보여주려 했었지. 그러니 그런 결과를 끌어오려면 그 규칙을 따라야 해. 그렇지 않을 경우 오락가락하는 네 결론을 그저 밀어붙이기만 하는 셈이지. 그 규칙에 따라 게임하는 법을 알지 못한다면 그 게임에서 무엇을 해야 하고 무엇을 해서는 안 되는지 결코 이해하지 못할 거야.

세라: 그런데 사실을 말하는 쪽이 사실과 다르게 말하는 쪽을 이긴다는 가정을 누군가(아마도 자크가) 무시하면 어떻게 되는 거야?

밥: 하얀 거짓말도 있잖아. 죽어가는 사람에게 사실대로 말하는 편이 항상 더 좋진 않으니까.

록사나: 사실을 말하기보다 사실과 다르게 말하는 편이 더 좋다면 그건 진실보다 거짓이 더 좋다는 거고, 그럴 땐 '진실'이나 '거짓' 같은 단어를 써도 논쟁적인 가치 판단으로 이어지지 않을 수 있어.

세라: 록사나, 네 태도가 기분 나쁘긴 한데, 어쩐지 전염성이 있네. 말은 핵심을 짚은 것 같아. 과학 정신으로 삶을 대하는 사람으로서 나는 진실이 더 좋아. 사실을 말하는 게 더 좋으니까 진실이 더 좋은 거지.

밥: 나도 대부분 그래. 괜찮은 사람들은 대체로 그렇지. 너와 록사나가 무엇에 관해 말하는지 내가 제대로 이해했다면 말이야. 그런데 한 가지 궁금한 게 있어. 남편에게 진실하다는 게 곧 그에게 사실대로 말한다는 의미라면, 어떤 아내가 지속적으로 다른 남자들이랑 잠자리를 갖고 그 일에 대해 세세한 것까지 숨김없이 정확하게 이야기하는 경우 이를 남편에게 진실한 것으로 보아야 하지 않을까?

록사나: 그건 '진실하다'의 다른 의미잖아. 누군가에게 진실하다는 것이 그에게 진실을 말한다는 의미만은 아니지 않나? 혼동하지 말라고.

밥: 미안.

자크: 그런데 네가 말하는 '진실'의 의미가 '진실'의 참된 의미라고 보는 거야, 록사나?

록사나: 아니, 두 가지 의미 다 맞아. 하지만 지금 대화에서는 한쪽 의미만 관련이 있지.

자크: '진실'의 다른 의미, 혹은 '진실'이 내포할지 모르는 다른 모든 의미를 제쳐놓고 한 가지 의미에만 특권을 주는 건 누가 정

하지? 밥은 자기가 생각하는 의미가 관련 있다고 느꼈고 그렇다면 그에게는 관련 있는 거지.

록사나: 밥은 앞선 논의에서 진실의 또 다른 의미가 관련 있다고 생각했지만 그가 틀렸어. 그 논의에서 관련 있는 '진실'의 의미는 '마법이 통하지 않는다는 것이 진실'이라는 문맥에서의 의미야. 그 의미는 난잡한 관계를 갖지 않는 것과는 상관없어.

밥: 괜히 그런 예를 꺼낸 모양이야.

세라: 어쨌든 내가 말하려던 것처럼 진실에 대한 선호가 과학의 근간을 이루지. 록사나의 주장도 과학에 적용되고. 자크는 틀렸어. 중요한 건 '진실'이나 '거짓' 같은 표현이 아니야. 그건 단지 편의상의 표현일 뿐이지.

밥: 공적인 편의?

세라: 이봐, 밥. 있는 그대로의 사실을 말하는 게 중요하다고. 과학에서 '진실'이라는 단어를 쓰는 경우에도 굳이 그 단어를 뺀다고 의미가 특별히 더해지거나 덜해지는 건 아니야. '빛보다 빠른 속도로 움직이는 입자들이 있다는 게 진실일까?'라고 묻는 대신 그냥 '빛보다 빠른 속도로 움직이는 입자들이 있을까?'라고 물어도 돼. 중요 쟁점은 똑같아. '진실'이나 '거짓' 같은 단어가 어떤 작용을 하는 건 아니야. '빛보다 빠른 속도로 움직이는 입자들이 있다는 것은 거짓이다'라는 말은 결국 '빛보다 빠른 속도로 움직이는 입자들이 없다'라는 말이지. '빛에 관한 근본적 진실은 무엇인가?'라고 묻

지 않고, '빛의 근본적 속성은 무엇인가?'라고 물어도 괜찮은 거야.

록사나: 드디어 지성의 징후들이 보이네.

세라: 날 추켜세우는구나.

밥: 록사나와 세라가 뭘 말하려는지 알 것 같아. '마녀가 있다는 게 진실일까?' 하는 질문은 곧 '마녀가 있을까?' 하는 질문과 같다는 거지? 마녀가 있다는 게 진실인지 아닌지 묻는 게 허용되지 않는다면 마녀가 있는지 없는지도 묻는 게 허용되지 않는 셈이지.

세라: 맞아.

자크: 다들 잠깐만, 너무 빨리 나가지 말자고! '진실'이라는 단어를 쓰기 시작하면 그 속에 확실성이라는 의미가 담겨. 아무 의혹 없이 확실하지 않는 한 어떤 것에 대해 진실이라는 말을 붙일 수 없어. 확실성이라는 의미를 포함시키고 싶지 않다면 '진실'이라는 말을 해서는 안 돼.

록사나: 흔히 그렇게 혼동하지.

자크: 록사나, 네 입장에서는 혼동일지 몰라도 내 입장에서 그것은 통찰이야.

록사나: 내 입장이 옳아. 그걸 보여주기 위해 예를 하나 들게. 주머니 속이든 아니면 다른 곳에든 지금 이 기차에 동전이 모두 몇 개일지 생각해봐. 아무도 동전을 세본 적 없어. 홀수인지 짝수인지는 아무도 몰라. 하지만 우리가 말할 수는 없어도 숫자는 분명히 홀수 아니면 짝수야.

세라: 그게 정말로 중요하다면 기차를 샅샅이 뒤져서라도 알아낼 수 있어.

밥: 총으로 위협해야겠군.

록사나: 하지만 동전을 찾아보지 않은 지금 상황에서는 그 수가 홀수인지도 확실하지 않고 짝수인지도 확실하지 않아.

자크: 그래서 뭐 어떻다는 거야, 록사나?

록사나: 그 수는 홀수 아니면 짝수일 테니까 수가 홀수인 게 진실이든가 아니면 수가 짝수인 게 진실이야. 그러니 진실이긴 해도 확실하지 않은 게 있지. '지금 기차 안 동전의 수는 홀수이다'라는 주장이 확실하지 않은 진실의 예이거나 아니면 '지금 기차 안 동전의 수는 짝수이다'라는 주장이 그런 예가 되는 거지. 우리는 이 두 주장 중 어느 쪽이 진실의 예가 되는지 알 수 있는 입장은 아니지만 어느 한쪽이 그 예라는 건 알고 있어. 진실이 확실성의 의미를 포함한다고 주장하는 자크는 틀린 거지.

자크: 이거 아니면 저거라는 네 논리는 마음에 안 들어, 록사나. 모든 것이 흑 아니면 백은 아니라고. 그 사이에는 여러 빛깔의 회색이 있어.

록사나: 모든 것이 검거나 희다는 주장은 논리에 의해 도출되지 않아. 모든 것이 검거나 아니면 검지 않다는 주장은 도출되지. 하지만 여러 회색 빛깔은 검지 않으니 이런 빛깔들은 검거나 아니면 검지 않아. 모든 것이 희거나 아니면 희지 않다는 주장도 논리에

의해 도출되지. 하지만 여러 회색 빛깔은 희지 않으므로 그런 색깔들은 희거나 아니면 희지 않지.

자크: 검은 색과 흰색과 회색이라는 너의 그 차가운 세계에서 널 해방시켜주고 싶은데 왜 그러도록 허락하질 않는 거니, 록사나? 무지개 색 모든 입장들이 조화롭게 차이를 드러낼 수 있는 따뜻하고 다채로운 나의 세계로 와서 내 의견에 동조하면 안 돼?

록사나: 애한테는 보충 수업이 필요하겠어.

세라: 자크, 그런 말엔 신경 쓰지 마. 록사나가 무슨 얘기를 한 건지 내가 다른 방식으로 설명해볼게. 너한테 한 가지 질문이 있어. 조금 있으면 이유를 알 거야. 다른 행성에 생명체가 있다는 게 진실일까?

자크: 난 몰라. 아무도 모르지. 적어도 내 입장에서는 몰라.

세라: 좋아. 그런데 다른 행성에 생명체가 있는 건 확실할까?

자크: 아니야, 세라, 확실하지 않아. 좀 전에 말했듯이 그건 아무도 몰라.

세라: 거봐. 네 입장에서도 진실이 반드시 확실성을 지녀야 하는 건 아니잖아.

자크: 세라, 지금 무슨 얘기를 하는 거야? 내 입장이 무엇인지 내가 너에게 말해줄 수는 있지. 네 입장이 무엇인지 네가 내게 말해줄 수도 있고. 하지만 내 입장이 무엇인지 네가 나한테 말해주는 경우는 생기지 않아.

넌 진실과 확실성이 같다고 취급하지 않아.

진실과 확실성 문제에 대한 대답이 같지 않았지.

'난 모른다'와 '확실하지 않다'는 뜻이 전혀 달라.

록사나: 잘 듣고 배워. 세라의 질문에 담긴 논리를 분석해볼게. 진실이 확실성이라는 의미를 내포한다면 불확실성은 허위의 의미를 내포하게 돼, 그렇지?

자크: 그래, 좋아. 정 그러고 싶다면 그런 논리 게임을 할 수도 있어, 록사나.

록사나: 그럼 해볼까? 세라가 맨 처음 던진 질문. '다른 행성에 생명체가 있다는 게 진실일까?' 이를 진실 문제라고 하자. 다음은 세라의 두 번째 질문. '다른 행성에 생명체가 있는 게 확실할까?' 이를 확실성 문제라고 하자. 진실 문제에 대한 네 대답은 '난 몰라'였어. 확실성 문제에 대한 네 대답은 '확실하지 않아'였고. 그게 네 대답이었다는 거 인정해?

자크: 응, 록사나. 그렇게 대답했지. 그런데 무슨 얘기를 하려고 이러는 거야?

록사나: 넌 진실과 확실성이 같다고 취급하지 않아. 진실 문제에 대한 대답과 확실성 문제에 대한 대답이 같지 않았지. '난 모른다'는 것과 '확실하지 않다'는 것은 전혀 달라.

자크: 둘 다 부정적인 대답이야, 록사나. 뭐가 전혀 다르다는 건데?

세라: 다음에 비자 신청 할 때 '마약 밀수에 관여한 적이 있나요?'라는 물음에 '아니요' 하지 말고 '몰라요' 해봐. 그러면 그 차이를 금방 알게 될 거야.

록사나: 자크, 네가 불확실성을 근거로 허위 여부를 추론했다면 진실 문제에 '아니'라고 대답했을 거야. 왜냐면 확실성 문제에 대해 '아니'라고 대답했으니까. 하지만 넌 그렇게 답하지 않았어. 세라의 물음을 통해 네 생각이 다르다는 게 드러났지. 실제로는 너조차도 진실이 반드시 확실성을 수반해야 한다고 여기지 않아. 세라의 물음이 그런 점을 밝혀낸 거야.

밥: 세라와 자크 일 대 영.

자크: 심판이 눈이 먼 거 아니야? 세라는 오프사이드 반칙을 범했어.

록사나: 아니야. 느린 화면으로 재생해 보면 세라가 오프사이드가 아니었음이 명확하게 드러나. 골은 정확하게 들어갔고.

자크: 내가 지금까지 줄곧 말해왔듯이, 록사나, '진실'이나 '거짓' 같은 표현은 말썽을 일으켜.

록사나: 아니야, 네가 진실과 확실성에 관해 혼란을 보인 게 말썽이었지. '진실'과 '거짓'에 관한 기본 논리에서는 어떤 말썽도 없었어. 세라는 너보다 훨씬 빨리 핵심을 파악했지.

세라: 내 후원자 행세는 사양이야, 록사나.

록사나: 진실을 말한 것뿐이었어.

밥: 그것 말고 내내 궁금했던 다른 게 있는데. 난 진실을 큰 소리로 말하고 싶지는 않거든. 머릿속에서 생각하고 싶어. 네가 얘기해준 아리스토텔레스의 인용문에서는 말할 때의 진실과 거짓만 언급하더라고. 생각할 때는 어떻게 되는 거야?

록사나: 대답은 분명해. 아리스토텔레스의 원칙은 말에서 생각까지 일반적으로 적용돼. 말할 때의 진실은 사실대로 말하는 것이고, 생각할 때의 진실은 사실대로 생각하는 거야. 말할 때의 거짓은 사실과 다르게 말하는 것이고, 생각할 때의 거짓은 사실과 다르게 생각하는 거야. 사마르칸트가 우즈베키스탄에 있다고 생각한다면 사마르칸트가 우즈베키스탄에 있는 경우, 오로지 그럴 경우에만 진실된 생각을 하는 거지. 사마르칸트가 우즈베키스탄에 없는 경우, 오로지 그럴 경우에만 거짓된 생각을 하는 거고. 믿음에 '진실'과 '거짓'을 적용하는 것도 주장에 '진실'과 '거짓'을 적용하는 것만큼이나 간단해.

세라: 맞아, 사실대로 말하고 싶어서 진실을 말하려고 노력하듯 사실대로 생각하고 싶으니까 진실을 생각하려고 노력하지. 사람들이 실제 상황에서 진실된 생각을 하고 싶은 이유는 분명해. 사실대로 생각하는 바탕 위에서 나온 행동은 사실과 어긋나게 생각하는 바탕 위에서 나온 행동에 비해 목표를 성취할 가능성이 훨씬 높기

때문이지.

밥: 내겐 너무 추상적으로 들려.

세라: 예를 하나 들어줄게. 언젠가 난 산에 갔다가 길을 잃었지. 구름이 잔뜩 끼어서 바위 사이 길이 보이지 않았어. 안전하게 산을 내려갈 길이 있을 줄 알았지. 좁은 산등성이를 따라 내려가는 길이라고 생각했거든. 그 산등성이를 따라갔지만 길은 계속 가팔라지기만 하는 거야. 나는 돌아서서 다시 위로 올라가야 했어. 힘들었지. 발이 미끄러져 긴 내리막길로 떨어질 뻔하기도 했어.

밥: 떨어졌으면 살아남았을까?

세라: 아니.

밥: 그렇게 혼자 산에 올라가면 안 돼, 세라. 너무 위험하다고.

세라: 난 그게 좋아. 산에 혼자 있을 때면 살아 있는 느낌을 강렬하게 받을 수 있어. 맑은 정신으로 긴장을 늦추지 말아야 하지. 아무튼 논점은 그게 아니고.

밥: 그럼 뭐야?

세라: 산을 내려가는 길에 대해 거짓된 믿음을 가진 결과 죽을 뻔했다는 거지. 어느 길로 내려가야 하는지에 대해 사실대로 생각하지 않았던 거야. 사실대로 생각하기 시작하고 나서는 안전하게 내려왔지. 이후에 알게 된 옳은 믿음이 내 목숨을 구한 거야.

밥: 내려오는 길은 어떻게 찾았어?

세라: 전에 있던 곳으로 다시 올라가다가 다른 등산객을 만났

어. 그녀가 내려가는 길을 올바로 알려주었지. 그런 상황에서는 우리가 왜 사실과 다르게 말하기보다 사실대로 말하기를 더 좋아하는지 이유가 명확하지. 나는 그녀 말을 믿었어. 뭐 달리 대안도 없었지만. 내 몸은 지쳤고 날은 어두워지기 시작했지. 그녀가 내게 틀린 길을 알려주었다면 나는 또다시 큰 곤경에 처했을 거야. 이제 알겠지? 성공적인 행동은 사실대로 바라보는 생각에 토대를 두는 거라고.

밥: 잘못된 가정에 토대를 둔 행동이 늘 나쁜 결과가 되는 건 아니야. 내 경우를 보면 가게 직원인 줄 잘못 알고 뭔가를 물었는데 내 평생의 사랑을 만났으니까.

세라: 그 이야기는 언젠가 나한테 꼭 해줘야 해. 아무튼 네 말이 옳아. 올바른 믿음을 바탕으로 행동한다고 해서 잘못된 믿음을 바탕으로 한 행동보다 반드시 나은 결과를 얻는다고 보장할 수는 없지. 하지만 그럴 가능성은 훨씬 높아. 잘못된 믿음을 바탕으로 행동하는 경우에는 운이 좋을 때에만 결과가 좋을 수 있어.

자크: 밥이 말로는 착각이었다지만 어쩌면 깊은 의식에서는 진실이었을지도 몰라.

세라: 밥 평생의 연인이 깊은 의식에서는 가게 직원이었다는 얘기를 하는 거야?

밥: 자크, 어떻게 감히 그녀를 모욕할 수가 있어! 그녀는 화가야. 예술가의 영혼을 갖고 있다고!

자크: 난 저 깊은 의식의 차원을 말한 거였어, 밥. 내 입장에서 볼 때 지금 이야기하고 있는 아리스토텔레스 식의 억지 논리는 삭막하고 시시하고 얄팍하거든. "진실이란 그것이 환상이라는 것을 사람들이 잊고 있던 환상이다." 이런 프리드리히 니체의 통찰이 훨씬 깊이 있다고 생각해.

록사나: 그건 논리 교육을 못 받은 사람들 사이에서나 깊이 있는 것으로 통할 법한 말이지. 뭐 그 나름의 기준으로 볼 때에는 사실이 될 만한 미덕을 갖추었는지도 모르겠군. 이렇게 바꿀 수 있으니 말이야. 그것이 환상이라는 것을 자크가 잊고 있던 환상이라고. 하기는 이것도 자크가 한때에는 알고 있었을 경우에나 해당되는 말이지.

밥: 니체가 한 이야기는 무슨 뜻이야?

자크: 밥, 니체는 언어가 사물을 있는 그대로 표현할 수 없는 점에 대해 이야기한 거야.

밥: 그 점에는 공감할 수 있어. 나도 단어가 생각나지 않을 때가 많거든.

자크: 니체는 아니었어. 그는 보다 심오한, 언어 자체의 부정확성에 대해 지적한 거였어.

밥: 헷갈려. 그가 말하는 '환상'은 무슨 의미야?

자크: 겉으로는 그렇게 보이지만 실제로는 그렇지 않은 것을 말하지.

록사나: 그건 바로 아리스토텔레스가 겉모습에 적용해서 거짓을 정의한 내용이야.

세라: 내 귀에는 니체의 말이 이렇게 들려. "언어에는 오해의 소지가 있기 때문에 우리가 사실이라고 여기는 것들이 실제로는 진실이 아니다."

록사나: 그건 아리스토텔레스가 내린 진실의 정의와 일치해.

세라: 아무튼 우리가 언어에 많은 기대를 하지 않는다면 언어 때문에 잘못 이해하는 일은 피할 수 있어. 밥 평생의 연인이 가게 점원이 아니었다고 그가 말할 때, 나는 그 말이 그녀 개인에 관한 완전한 묘사라고 보지는 않아. 밥의 말은 그녀가 그 당시 가게 점원이 아니었던 한에서 사실인 거야.

밥: 그녀는 그때 점원이 아니었어.

세라: 우리도 알아, 밥.

자크: 세라, 록사나가 널 아리스토텔레스의 낡은 사고방식 속으로 끌어들이려는데 왜 그냥 두는 거야? 그리고 록사나, 왜 자꾸 아리스토텔레스의 권위에 호소하는 거야? 그가 뭐라고 말했는지 알아? 자기는 포함되지 않지만 어떤 사람의 경우는 천성적으로 노예의 삶이 어울리도록 타고났다고 했다니까. 도덕, 정치학, 생물학, 물리학에서는 이미 그를 인정하지 않는데 왜 논리학에서는 그를 인정해야 하는 거야? 게다가 우리 모두를 진실의 노예로 만들려 드는데 말이야.

> 언어는 애매한 경우가 늘 있는데,
> 사실대로 말하는 것과 사실과 다르게
> 말하는 것을 구분하는 게 무슨 의미가 있어?

록사나: 현대 논리학자들은 논리학에서 아리스토텔레스의 권위에 호소하지 않아. 그의 논리적 주장들이 지니는 각각의 장점에 따라 어떤 것은 받아들이고 어떤 것은 부정하지. 현대 논리학자들은 진실과 거짓에 관해 아리스토텔레스가 최초로 정의한 내용이 생산적인 연구를 위한 출발점으로 적합하다고 보았을 뿐이야. 논리학적 목적 면에서 그걸 대체할 만한 진지한 대안이 없거든.

자크: 그렇다면 논리학자들은 너무 심각한 태도를 보이지 말고 더 가벼워져야 해. 아리스토텔레스가 어떻게 되었는지 봐바. 그는 진실과 거짓을 너무 심각하게 대한 나머지 자기 같은 사람이 다른 사람을 소유하고 원하는 대로 착취할 수 있다고 생각했잖아. '올바른' 믿음을 가진 사람은 노예 소유주가 되고 '잘못된' 믿음을 가진 사람은 노예가 된다고 했다고.

록사나: 노예제에 관한 아리스토텔레스의 견해는 사회 상황에서 나온 거고, 진실과 거짓의 논리학에 관한 그의 견해는 다르지. 두 견해는 관련이 없어. 진실과 거짓의 논리학에 관한 그의 견해는 세월의 검증을 견뎌냈어. 하지만 노예제에 관한 견해는 그렇지 못

했지.

자크: 논리학자들이 아직 니체의 문제의식을 깨닫지 못한 거라면 나한테 뭐라 하지 마, 록사나. 그건 그렇고 왜 학생들이 억지로 아리스토텔레스의 철학을 공부해야 해? 조상이 노예였던 사람이라면 불편할 수도 있잖아. 그의 저서를 멀리해야 하는 거 아니야? 노예제를 옹호한 그의 견해에 대한 혐오감과 조상이 노예였던 사람에 대한 연대감을 공개적으로 보여주기 위해 그의 저서를 멀리하지 않는다면, 그의 잘못된 태도를 우리가 눈감아주는 셈은 아닐까?

밥: 그건 아리스토텔레스의 입장이었어. 입장은 다양할수록 좋다고 네가 말했잖아.

자크: 그 문제는 지금 이것과 상관없는 것 같은데, 밥.

밥: 나는 상관없다고 보지 않아. 하지만 개의치 마.

록사나: 논리학자들이 아리스토텔레스를 숭배하는 게 아니야. 세라가 말했듯이 그 역시 오류를 범할 수 있는 인간이잖아. 논리학자들은 그가 이룬 학문적 업적을 바탕으로 훌륭한 논리학자이자 철학자로서 존경하는 거야. 내게도 침략세력 때문에 노예가 된 조상이 있지만 난 아리스토텔레스의 글을 읽는 게 불쾌하지 않아. 노예제에 관한 그의 의견이 당대에는 일반적이었음을 아니까. 자크가 흠모하는 니체는 과연 치밀한 검증을 버텨낼 수 있을까? 그는 미쳤잖아. 그렇다면 그가 쓴 글도 모두 미친 건가?

자크: 당연히 아니지, 록사나.

록사나: 니체는 여자를 가리켜 "약하고, 대체로 병들었으며, 변덕스럽고, 충실하지 않다"고 했지. 내가 약한가?

자크: 아니, 아니야.

록사나: 니체가 여자에 관해 어떻게 썼는지 알고 나면, 물론 나는 안 그렇지만 그의 책을 불편하게 여기는 여학생이 분명 있을 거야. 그의 저서를 멀리해야 할까?

자크: 아니, 록사나. 당연히 그런 제안은 하지 않아.

록사나: 그렇다면 신중하지 못한 너의 제안은 속으로만 생각해.

세라: 몇몇 측면에서 잘못된 행동이나 사고를 보여준 사람이라도 위대한 학문적 발견을 하거나 위대한 예술 작품을 만들 수 있다고 다들 인정할 거야. 인간은 복잡해. 자크, 논리 원리를 주장한 사람들의 다른 측면을 공격하는 식으로 논리 원리를 계속 폄하한다면, 우리는 네가 논리 원리 자체에 대해 타당한 반대를 생각해내지 못하는 거라고 의심할 거야.

자크: 좋아, 세라. 그렇다면 이렇게 정리해두자. 결국 '진실'이나 '거짓' 같은 표현들이 폐해를 가져오는 것은 아니고, 심지어는 그런 표현들과 관련된 시시한 아리스토텔레스의 논리조차도 그런 건 아니라고. 그런 표현이나 논리 자체는 아무 해가 없다고 해두자. 그렇더라도 사실대로 말하는 것과 사실과 다르게 말하는 것에 대해 그럴 듯한 언변을 늘어놓으면서 목에 힘을 주고 구분하려 들면

나는 여전히 의심이 생겨.

밥: 네가 길을 물을 때 사람들이 너한테 사실대로 말해주기를 원해, 아니면 사실과 다르게 말해주기를 원해?

자크: 밥, 같은 목적지라도 여러 길로 갈 수가 있어.

밥: 그래도 다른 곳이 아니라 그 목적지에 가는 길을 알려주기를 원하잖아.

자크: 때로는 새로운 목적지를 발견하기도 하지. 너도 가게에서 그런 경험을 했잖아, 밥.

밥: 다시 일깨워주지 않아도 돼.

록사나: 네가 지적했듯이 거짓을 아는 경우보다 사실을 아는 경우 반드시 그 결과가 더 좋다고는 할 수 없어. 물론 대개는 더 좋다고 할 수 있지만 말이야. 그렇다고 해서 사실대로 알고 있는 것과 사실과 다르게 알고 있는 것 사이의 차이가 없어지는 건 아니야.

세라: 결과적으로는 다른 곳을 더 좋아하게 되더라도, 애초 가려 했던 목적지에 도착하는 것과 다른 곳에 도착하는 것은 여전히 차이가 있어.

밥: 가끔 길 안내가 하도 애매해서 나중에 생각해보면 길 안내를 사실대로 받았는지 사실과 다르게 받았는지 명확하게 말할 수 없는 때도 있어.

자크: 기하학적으로 정확하게 길 안내 받기를 원하진 않지. 대략 쉽게 찾아갈 수 있는 길 안내가 가장 도움이 되니까. 수학적으

로 정확한 말이 가장 유용한 표현도 아니고. 언어는 애매하고 이도 저도 아닌 경계에 걸치는 경우가 늘 있는데, 사실대로 말하는 것과 사실과 다르게 말하는 것을 구분하는 게 무슨 의미가 있어?

록사나: 일상 언어로 표현하는 구분은 거의 모두 경계에 걸치지. 그렇다고 그 구분이 쓸모없진 않아. 가령 대머리와 대머리가 아닌 것의 구분이 있지. 확실하게 대머리도 아니고 그렇다고 확실하게 대머리가 아니라고 할 수도 없는, 경계에 걸친 사람들도 있어. 그렇지만 확실하게 대머리인 사람이 있고 확실하게 대머리가 아닌 사람도 있기 때문에 한 번도 본 적 없는 사람들에게 누군가의 외모를 설명할 때 '대머리'라는 표현을 쓸 수 있는 거야.

세라: 밥은 확실하게 대머리가 아니지.

밥: 네가 그렇게 말하니 마음이 놓이네.

세라: 우리 기차 칸 반대편 끝에 앉은 저 남자는 확실하게 대머리야.

자크: 서서히 머리털이 벗겨졌을 거야, 세라. 어느 날 아침에 깨어보니 머리카락이 모두 빠져버린 건 아니겠지. 오랫동안 경계에 걸쳐 있었을 거라고.

밥: 이쪽 끝에 앉은 저 사람은 어때? 그는 길게 기른 머리카락 몇 가닥으로 솜씨 좋게 두피를 가리는 식으로 아주 애를 썼는데, 그를 대머리라고 해야 하나?

세라: 그 역시 경계에 걸친 또 다른 사례라고 할 수 있지.

록사나: 아니, 그는 확실하게 대머리야.

자크: 남자한테 대머리라고 하면 상처가 될 수 있어, 록사나.

세라: 네 얘기가 아니야, 자크! 넌 아직 머리가 꽤 많잖아.

자크: 내 얘기가 아니야, 세라. 일반적인 이야기를 한 거지. 구분 짓는 건 위험한 일이야. 항상 사람들을 상자에 분류하여 담는 일은 좋지 않아. 너는 경계에 걸친 사례에 대해 이야기하고 있어. 구분 짓는다 함은 선을 긋고 이쪽과 저쪽으로 나누는 거야. 통행권이 없다면 선을 넘어 반대편으로 가지 못하지. 그건 내가 앞서 반대했던 이분법적 논리야. 뭐든 구분하려는 파괴적 욕구라고 할 수 있지. 우리는 뭔가를 구분하는 데 쓰는 시간을 줄이고 더 많은 시간을…….

밥: 뭔가를 증대하는 데 써야지.

자크: 그것도 필요하지만, 밥, 내가 말하려던 것은 통합하는 데 써야 한다는 뜻이었어.

록사나: 너 역시 구분과 통합을 나누는 과정에서 차이에 의존하고 있어.

자크: 록사나, 구분을 해야 할 경우에도 판단하는 태도로 구분해서는 안 돼. 분류되어 상자에 담기는 걸 사람들이 고마워할까? 그 상자가 관이 될 수도 있어. 우리가 정해놓은 작은 상자에 사람들이 잘 맞지 않을 때 오히려 그들에게 감사해야 해. 우리의 구분이 그들을 위한 것이 아니라 우리 자신을 위한 것이라고 일깨워주

는 셈이니까.

밥: 네가 무슨 이야기를 하는지 모르겠어.

자크: 밥, 우리 구분이 옳고, 다른 사람 구분은 틀리다고 봐서는 안 돼. 다양한 목적에 따른 다양한 구분이 있는 거야. 과학자들은 분자 구조로 물질을 나누지만 화가들은 색깔로 나누지.

세라: 인종주의적인 사이비 과학을 근거로 아리안족과 비아리 안족을 나눈 나치의 구분은 어떤 거야? 박해의 희생양을 만들기 위한 그들 목적에 아주 잘 맞았지. 그렇다면 우리가 인간과 비인간 을 나누듯 그들 또한 그런 구분을 해도 괜찮은 걸까?

자크: 내가 나치를 옹호할 생각이 없다는 건 너도 알 거야, 세라. 그렇지만 그들도 나름의 입장이 있었지. 역사학자는 이런 입장을 이해해야 그 행동을 이해할 수 있어. 나치를 인간 이하로 보는 사람 도 있지만 그 역시 나치식 사고방식이지. 나치도 인간이었으니까.

세라: 그건 변명이야, 아니면 일종의 비난이야? 난 네가 인종을 기준 삼는 사이비 과학 같은 방식이 아니라, 종을 기준 삼는 과학 적인 방식으로 인간을 분류하는 거 알아. 과학에서는 기초가 되는 근본적 구분을 찾아내지.

록사나: 세라는 플라톤을 따르고 있어. 자연의 여러 연결 마디 를 자르고 싶어 하잖아.

자크: 세라, 구분은 일종의 도축 작업 같은 거야.

밥: 도축업자도 나름의 입장이 있어.

세라: 자크, 보다 여성적인 비유를 원한다면 과학은 가장 생산적인 구분을 필요로 한다고 할 수 있지. 생물학자는 살아 있는 생물을 종으로 구분하는 가장 유익한 방법을 찾으려 노력해.

밥: 있잖아, 자크, 저게 결국은 뭔가를 증대시키는 일이야.

세라: 그리고 진실과 거짓의 구분이야말로 모든 구분의 어머니라 할 수 있지. 선을 그으면 선 이쪽의 진실과 선 저쪽의 거짓을 구분하게 돼. 과학에는 구분이 필요하지. 그렇기 때문에 진실과 거짓의 구분도 필요하고.

밥: 마법에도 그게 필요해. 누군가가 마녀라는 게 진실인지 거짓인지가 중요하기 때문이야.

자크: 세라, 네 논의 전개가 너무 빨라서 못 따라가겠어. 하지만 진실과 거짓의 구분이 과학에는 도움이 된다고 해도, 실은 그 자체도 의문의 대상으로 남겨두기를 부탁하고 싶지만, 어쨌든 그런 구분이 과학 말고 보다 다양한 해석의 여지를 갖는 인간 활동의 목적에는 필요하지도 않고 도움도 안 되며 심지어는 의미도 없어.

세라: 과학이 아닌 다른 목적을 이루고자 할 때에도 대개는 특정

행동이 요구돼. 만일 잘못된 가정에 기초하여 행동에 나선다면 반드시 실패할 거야. 진실과 거짓의 구분은 모든 목적에서도 중요해.

자크: 자신 있게 주장을 밀어붙이는구나, 세라. 음악에서는 진실과 거짓의 구분이 어떻게 중요한데?

세라: 작곡가와 연주자에게도 목적이 있어. 어떤 작곡가가 깊은 감동을 주는 장중한 음악을 쓰고 싶은 마음으로 악보를 그려내지만 실제로는 그저 짜증나게 신경을 긁고 소리도 제멋대로 흘러간다면 그의 목적은 실패한 거야. 사실과 다른 생각을 했기 때문이지. 만일 어떤 연주자가 악보를 연주하려는데 악보를 잘못 읽는다면 그의 목적 역시 실패한 거야. 사실과 다른 생각을 했기 때문이지.

자크: 세라, 어떤 사람은 신경을 긁는 음악이나 잘못 읽은 악보를 더 좋아할지도 몰라.

세라: 그렇더라도 그건 논점이 아니야. 작곡가와 연주자는 잘못된 가정 위에서 작업을 했기 때문에 자신의 목적은 이루지 못했어.

자크: 종교에서는 진실이 어떻게 돼, 세라? 누군가 '신이 있다'고 말할 때 그의 주장은 과학적 의미에서 진실이나 거짓이 되는 건 아니잖아.

세라: 그건 '신'이라는 단어에 과학적 의미가 담겨 있지 않기 때문이지.

자크: 그 주장을 한 사람에게는 의미를 지녀.

세라: 하지만 우리가 그 의미를 어떻게 이해할 수 있어?

자크: 그들과 소통하기 위해서 그들이 쓰는 '신'이라는 단어를 존중하며 사용할 수 있지.

록사나: 그렇다면 이렇게 말할 수 있겠네. 신이 있다고 주장할 때, 만일 신이 있는 경우 그리고 오직 그런 경우에만 그들은 진실을 말한 것이고, 만일 신이 없는 경우 그리고 오직 그런 경우에만 그들은 거짓을 말한 거라고. 아리스토텔레스의 원칙이 과학의 주장에 잘 적용되듯 마찬가지로 종교적 주장에도 잘 적용되는 거지.

자크: 하지만 종교를 믿는 사람들이 '신이 있는가?'라는 물음에 대답하는 방식은 과학자들이 자신의 물음에 대답하는 방식과는 완전히 달라.

세라: 그래서 종교를 믿는 사람들에게는 훨씬 나쁜 거지. 그들의 물음은 매우 중요한 것이니까 더더욱 그 물음에 답할 때에는 과학적으로 접근해야 해.

자크: 그들이 과학적으로 접근하려고 노력했다면 늙은 루트비히가 그들을 두고 종교적 언어 놀이를 한다고 말하지는 않았겠지.

밥: 무슨 루트비히?

자크: 루트비히 비트겐슈타인 말이야, 밥. 그가 말했듯 '신이 있는가?'라는 물음의 기본 문법은 '보스 입자가 있는가?'라는 물음의 기본 문법과는 완전히 달라.

록사나: 언어학자들에 따르면 '신이 있는가?'라는 물음과 '보스 입자가 있는가?'라는 물음은 통사론과 의미론에서 볼 때 문법 구

조가 동일하지.

밥: 문법에 관해서는 잘 모르지만 네가 무슨 차이를 말하는지 모르겠어, 자크. 종교를 믿는 내 친구들은 종교가 그저 놀이일 뿐이라는 얘기를 좋아하지 않을 거야.

자크: 비트겐슈타인이 '놀이'나 '문법' 같은 표현을 어떻게 사용하고 있는지 네가 이해하지 못한 것 같아, 밥.

밥: 그는 왜 일반적인 언어로 이야기하지 않는데? 네 말로 미루어 볼 때 그는 '문법' 같은 일상적인 말을 자신의 전문 용어처럼 사용했어.

자크: 밥, 그는 언어학자들이 연구한 것보다 더 깊은 차원의 문법을 이야기했던 거야.

록사나: 자크는 진흙탕 강의 바닥이 보이지 않으니 맑은 강보다 진흙탕 강의 바닥이 더 깊다고 생각하는 사람이야.

자크: 네가 사용하는 비유에 대해 정신분석을 해보고 싶다, 록사나.

록사나: 네 더러운 생각을 나한테 투사하지 마.

세라: 정신분석은 몇십 년 전 과학으로서의 신뢰를 잃었어.

자크: 정신분석은 애초 과학이 되려는 의도가 없었어, 세라. 여러 가능성을 열어놓은 하나의 해석 방법이야.

세라: 즉, 잘못된 해석이겠지.

록사나: 내가 무슨 말을 할 때마다 자크는 꼭 그렇게 아무 관련

없이 연상되는 생각들을 끌어들여 방해해야겠니?

자크: 아무 관련이 없다는 건 적절한 지적이니?

록사나: 지연전술 좀 그만 써. 자크는 사람들이 어떤 물음의 답을 찾으려는 각기 다른 방법에 따라 그 물음도 여러 다양한 의미를 갖는다고 보는 모양이야. '진실'이나 '거짓' 같은 단어가 종교에서 쓰일 때와 과학에서 쓰일 때에 서로 다른 방법의 토대 위에서 그런 단어를 적용하기 때문에 의미가 달라진다고 했었잖아.

자크: 그런 게 의미의 차이라고, 록사나.

록사나: 아니, 넌 의미와 입증 방법을 혼동하고 있어. 하나의 단어를 언제 적용할지 판단할 때 두 사람이 서로 다른 방법을 이용할 순 있지만 모두 같은 뜻으로 쓰고 있는 거야.

밥: 또 무슨 소리인지 모르겠어.

록사나: 살인 사건 재판에 디엔에이 검사를 처음 도입할 때에도 '살인자'라는 단어의 의미는 달라지지 않았어.

자크: 그것은 정도의 차이일 뿐이지. 종교가 어떤 물음에 답하는 방법과 과학이 어떤 물음에 답하는 방법 사이의 근본적인 차이와는 다르잖아.

세라: 두 가지 방법이 같은 물음에 답하는 경우도 있어. 어떤 특성과 능력을 지녀야 신이라고 할 수 있는가 하는 물음에 대해서 종교를 믿는 사람과 과학자가 서로 의견이 같지만, 신이 있는지 여부를 알아내는 과정에서는 근본적으로 다른 방법을 이용하지. 한쪽

은 기도를, 다른 쪽은 실험을 이용하는 거야.

밥: 기도가 일종의 실험 아닐까? 기도에 응답해줄지 알아보려고 기다리는 거니까.

세라: 그럴 수도 있지. 하지만 기도는 적절하게 통제된 실험이라고 볼 수 없어. 어떤 과학 잡지에서도 공개적으로 인정하지 않을 거야.

자크: '신이 있는가?'라는 물음이 같다고 해도 대답은 어떤 입장에서 하는가에 따라 달라져. 과학자 입장에서는 '아니오'일 테고 종교적 성향을 가진 사람 입장에서는 '예'일 테지.

세라: 입장에 관한 네 주장은 지난 역에 도착하기 전에 이미 무너졌어.

밥: 우리 집 담장이 무너졌을 때에 비하면 부수적 피해는 훨씬 적었지.

세라: 맞아. 자크는 과학자가 생각하는 대답이 '아니오'인 반면 종교를 믿는 사람이 생각하는 답은 '예'라는 말을 하려던 거지. 문제는 무엇이 진실이고 무엇이 거짓인가야. 그 답은 신이 있는지 여부에 달려 있어.

자크: 이른바 옳은 답을 내놓은 사람이 이른바 틀린 답을 내놓은 이들보다 더 나은 사람이라고 간주하는 건 아니지?

세라: 자동적으로 그렇게 되는 건 아니야. 우리는 누가 일반적으로 옳고 누가 그렇지 않은가 하는 문제와 무관하게 어떤 물음에

대해 누구 답이 옳고 그른지 논의할 수 있어. 하지만 실제로는 과학적 접근을 하는 사람들이 그렇지 않은 사람들에 비해 올바른 답을 찾을 가능성이 훨씬 많아. 그들은 지적으로 올곧고 모든 증거를 살피며 부질없는 기대에 빠지지 않거든. 죽는 것이 두렵다는 이유만으로 사후 세계를 믿지는 않지.

자크: 그게 과학적으로 그린 자화상이야, 세라?

세라: 언제나 내 이상에 맞게 사는 것처럼 가장하지는 않아. 행동을 따르기보다는 말을 따르라고 하잖아. 하지만 과학의 정신을 가진 사람들은 그러한 이상을 목표로 삼음으로써 그런 시도조차 하지 않는 사람보다는 훨씬 잘할 수 있지.

자크: 세라, 서구 과학에 대한 그런 식의 자기만족적 믿음으로 서구 사회는 비서구 사회와 입장이 나뉠 때마다 자기네는 체계적으로 옳고 비서구 사회는 체계적으로 그르다고 간주하곤 했어. 그런 태도로 서구 사회들은 비서구 사회를 폭격하고 침략하며 자기네 기준에 따라 그들을 바로잡을 권리가 있는 듯 굴었다고.

세라: 폭넓은 과학 문제에 관해 내가 체계적으로 옳고 밥이 체계적으로 그르다고 간주하지만, 그렇다고 내가 밥을 재교육하기 위해 그의 집에 쳐들어갈 권리가 있다고 생각하지는 않아.

자크: 세라, 네가 밥보다 힘이 훨씬 세고 지역 경찰이 유엔만큼이나 무력하다면 네 생각도 달라질지 몰라.

세라: 말도 안 돼. 완전히 비뚤어진 의견이라도 자기와 다른 의

중요한 건 논리적 핵심이야.
오로지 진실만이 앎의 대상이 된다는 거야.
믿음의 대상은 진실과 거짓 모두 될 수 있고.

견을 포용해야 해.

밥: 고마워!

세라: (네 얘기가 아니었어, 밥.) 내가 말했듯이 포용은 나의 가치 규범에서 중심을 이루지. 혁명적인 새로운 이론이 등장할 수 있도록 해주는 점에서 포용적 태도는 과학에서 매우 중요해.

밥: 자크, 록사나가 논리를 재교육하기 위해 너희 집에 쳐들어가는 일은 없을 거라고 너무 확신하지 마.

록사나: 자크에게 논리를 재교육할 수나 있을지 의심스럽다.

자크: 시도해보는 건 환영이야, 록사나.

록사나: 가능성이 매우 희박하지만 설령 널 재교육할 수 있다고 해도 너희 집에 들어가고 싶은 마음은 전혀 없어. 딴 데 가서 알아보셔.

세라: 다시 논점으로 돌아가서, 진실과 거짓의 차이를 고집하면 독선주의로 이어진다는 자크의 생각에 난 완전히 반대해. 진실은 확실성이 아니라는 걸 상기해봐. 과학은 물론 진실과 거짓의 차이를 주장하지. 하지만 과학 정신 덕분에 반대 의견에 대해 자기 비

판적이고 포용적인 태도를 취할 수 있어. 우리 모두 틀릴 수 있기 때문이지. 뭔가를 단언할 때마다 '하지만 내가 틀릴지도 몰라' 하고 기꺼이 덧붙여야 해. 의견이 달랐던 사람이 결국에는 옳을 수도 있거든. 그런 의미에서 난 '오류가능주의자'라고 자처해. 진실과 거짓을 구분하는 것이 매우 중요하기 때문에 겸손한 태도로 다른 의견을 포용하지. 우리 모두보다 그게 훨씬 중요해.

자크: 세라, 네 이야기를 다른 말로 옮기면 '마녀는 없지만 그 문제에 관해 내가 틀릴지도 모르니까 밥에게 내 생각을 강요하지 않을 거야' 하는 뜻이지?

세라: 맞아, 과학은 견해의 다양성 위에서 번성해. 경쟁하는 이론마다 그것을 지지하는 세력이 있지. 그래서 각 이론에서 무엇을 설명할 수 있고 또 설명할 수 없는지 알기 위해 적절한 시험을 거쳐야 하고. 우리가 비교하려는 이론 중 어느 것이 가장 훌륭한지 결국 그런 과정을 통해 알아낼 수 있어. 그런데 그렇게 가장 훌륭한 이론을 받아들일 때에도 여전히 '하지만 우리가 틀릴지도 몰라' 하고 덧붙이지. 아직까지는 아무도 생각해내지 못했지만 앞으로 더 나은 이론이 나올지도 모르기 때문이야. 받아들인 이론이 옳다고 뒷받침하는 증거가 많이 있지만 아마도 언젠가는 다른 이론이 대체하게 되겠지.

자크: 맞아, 세라, 중세 시대 사람들은 태양이 지구 주위를 돈다고 알았어. 지금 우리는 그들과 다르게 알고 있지. 우리는 전자가

있다는 걸 알지만 천 년 뒤 사람들은 우리와 다르게 알지도 몰라.

록사나: 근데 그 말에 또 다른 오류가 있어. 일반적으로 저지르는 기본적 실수지. 중세 사람들은 태양이 지구 주위를 돈다고 알고 있던 게 아니었어. 단지 안다고 생각했던 것뿐이지. 어떤 것이 그러하다고 알려면 오직 사실이 그러한 경우에만 가능해. 태양은 지구 주위를 돌지 않고 과거에도 한 번도 그런 적이 없었지. 중세인은 태양이 지구 주위를 돈다고 생각했지만 그건 잘못 생각했던 거야. 또한 그들은 태양이 지구 주위를 돈다고 알고 있다고 생각했지만 그 점 역시 잘못 생각했던 거지.

세라: 그 점에 대해서는 동의해, 록사나. 종교는 믿음을 주지만 지식을 제공하지 않아. 과학은 비록 확실성을 얻진 못해도 적절한 시험을 거칠 수 있기에 지식을 제공해주지.

밥: 나도 록사나의 의견에 동의해. 세라는 마법이 통하지 않는다고 믿는 것이지, 마법이 통하지 않는다고 아는 것이 아니야.

록사나: 중요한 건 논리적 핵심이야. 오로지 진실만이 앎의 대상이 된다는 거야. 믿음의 대상은 진실과 거짓 모두 될 수 있고.

밥: 그건 나도 이해돼.

자크: 너네 절대주의자들은 '앎'이라는 단어를 '진실'이라는 단어와 결부시킴으로써 '진실'이 갖고 있는 온갖 병을 '앎'에도 옮기지.

밥: 무슨 병?

자크: 밥, 이건 힘의 문제야. 폭력적으로 이른바 진실과 거짓의

구분을 억지로 강요하는 문제 말이야. 게다가 '앎'과 '진실'을 결부시켜 폭력적으로 이른바 앎과 무지의 구분도 억지로 강요하지.

세라: 난 폭력적으로 뭔가를 억지로 강요하지 않아!

자크: 네가 낸 세금으로 군대가 너 대신 폭력을 쓰고 있잖아.

세라: 난 어떤 침략에도 찬성표를 던진 적 없어.

자크: 이건 너에 관한 문제가 아니야, 세라. 아는 것이 힘이지. 진실은 다른 수단에 의한 정치고.

밥: 앎과 힘 또는 무지와 무능, 둘 중 하나를 선택해야 한다면 내가 무엇을 택할지는 뻔해.

세라: 지식은 좋게 이용할 수도 혹은 나쁘게 이용할 수도 있어. 무엇에 관해서든 우리가 아는 것이 틀릴 수 있다고 인정하는 오류가능주의자가 된다면 최악을 피할 수 있는 더 나은 가능성이 생겨. 오류가능주의를 받아들이면 다른 사람과 다른 문화에 대해 보다 포용적인 태도를 취하니까.

자크: 그렇다면 진실과 앎의 차원에서 볼 때 모든 문화가 동등하다는 거야?

세라: 아니, 그건 말도 안 되지. 당연히 과학이 발달한 문화는 원시 문화보다 아는 게 많아. 너야말로 여러 문화가 힘의 차원에서 동등하지 않다고 가정하잖아. 아는 것이 힘이라면, 너도 그렇게 생각하는 것 같은데, 다양한 문화가 알고 있는 게 서로 같지 않다는 결론이 나오지 않을까?

밥: 미국 대통령이 세계에서 가장 많은 힘을 갖고 있으니 그가 가장 많이 아는 거야?

자크: 밥, '아는 것이 힘'이라는 내 말에는 동일성의 미묘한 개념이 담겼어.

록사나: 그 얘기를 들으니 더 헷갈리기만 해.

자크: 알아야 힘이 생기고 힘이 있어야 아는 거야. 거봐, 복잡한 거라고.

밥: 닭이 알을 낳고 알이 닭이 되는 식이네.

세라: 자크, 처음에 넌 상대주의가 포용을 암시한다고 말했어. 그런데 너희 상대주의자들에게는 포용과 같은 도덕적 가치도 다른 모든 것과 마찬가지로 각자 입장에 달려 있기 때문에 결국 그 말을 스스로 부정했지. 상대주의자는 자기 입장에서 좋은 계획이라면 다른 나라를 침략할 수도 있거든.

자크: 세라, 내 입장에서 볼 때 그건 나쁜 계획이야.

세라: 알아. 네가 세계 평화에 큰 위협이 된다고 개인적으로 비난하는 게 아니야. 하지만 우리가 틀릴지도 모른다고 일깨움으로써 신중하게 행동하도록 해주는 것은 상대주의가 아니라 오류가능주의야. 오류가능주의는 잘못된 믿음에 근거하여 행동하면 위험성이 따른다는 걸 강조하지. 상대주의에서는 그런 위험성을 묵살해. 믿음을 믿는 사람 입장에서는 그 믿음이 틀리지 않기 때문이야.

자크: 침략 계획 뒤에 깔린 가정이 틀릴 수 있듯이, 침략을 하지

않겠다는 계획 뒤에 깔린 가정에도 오류의 가능성이 있지 않을까?

세라: 맞아. 하지만 틀릴지 모른다는 가능성을 의식한다면 신중해지는 경향이 있지. 침략하지 않는 편이 침략하는 것보다는 훨씬 신중한 선택이야.

밥: 1944년 유럽에서 연합군 최고사령관이 오류가능주의자였다면 노르망디 상륙작전을 하지 말라고 명령했을까?

세라: 최고사령관이 오류가능주의자라면 아마 입수할 수 있는 증거를 보다 많이 수집하여 일일이 살펴본 다음 상륙작전을 펴라고 명령을 내렸겠지.

밥: 그렇다면 실제로 오류가능주의가 무슨 대단한 차이를 만들어내는 거야?

세라: 실제 최고사령관이었던 아이젠하워는 적어도 실행 단계에서는 오류가능주의자였고 오류가능주의자가 할 법한 처신을 보여주었어.

밥: 상대주의자가 아이젠하워 입장에서 역시 같은 방식으로 행동할 수는 없었을까?

세라: 결정을 내리기 전에 보다 많은 증거를 모으도록 권장하는 것은 오류가능주의야. 상대주의가 아니라고. 오류가능주의는 우리가 오류에 빠져야 한다거나, 바로잡을 수 있는 오류인데도 바로잡으려 애쓰지 말아야 한다는 의미가 아니야. 더 나은 증거가 있으면 더 나은 결정을 내릴 수 있다고.

자크: 세라, 오류가능주의가 그렇게 멋진 거라면 많은 상대주의자들도 기꺼이 채택할 거야. 절대적 진실로서가 아니라 자신의 입장으로 말이야. 그런 다음 결정을 내리면 자기 입장에서 내린 최고의 선택이 바로 오류가능주의자 입장에서 내린 최고의 선택이 되는 셈이지. 그렇다면 결국 오류가능주의자가 보여줄 법한 행동을 하는 거야.

록사나: 그건 결국 네 무덤을 스스로 파는 말이잖아. 자크는 절대주의보다는 상대주의를 받아들여야 훨씬 현실적인 결과를 얻을 수 있다면서 상대주의를 옹호했지. 그런데 이제 상대주의를 받아들여도 절대주의의 한 형태인 세라의 오류가능주의를 받아들이는 것과 동일한 현실적 결과를 얻을 수 있다고 주장하고 있어.

자크: 록사나, 왜 오류가능주의가 절대주의를 뜻한다고 가정하는 거야? 왜 오류가능주의를 상대주의와 연결해서 양쪽 세계에서 가장 좋은 것을 취하면 안 돼?

록사나: 오류가능주의는 우리 믿음 중 어느 것이든 틀릴 수 있다고 주장하지. 반면 상대주의는 '틀리다'는 표현을 거부하잖아. 그 둘을 어떻게 연결할 계획이야?

자크: 오류가능주의의 핵심 심장을 취하는 거지.

록사나: 머리는 남겨둔다는 말이군.

세라: 자크, 그 제안 고마워. 그런데 미안하지만 널 심장외과의로 신뢰할 수 없어. 내가 아끼는 오류가능주의가 그 수술에서 살아

남지 못할 것 같아. 머리와 심장을 함께 놔두는 게 좋겠어.

자크: 때로는 과감한 수술만이 환자를 구할 때도 있어, 세라.

세라: 오류가능주의는 수술이 필요 없어. 지금 그대로 절대주의와 아주 잘 어울려.

록사나: 오류가능주의가 오류일 가능성도 있을까?

세라: 당연히 오류일 수도 있지. 그렇다고 해서 오류가능주의가 틀렸다는 의미는 아니야.

내가 옳고, 네가 틀려!

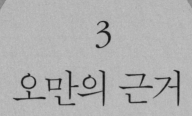

3
오만의 근거

나는 안다. 정확하게 모른다는 것을.

우리는 무엇을 아는가?

밥: 조심해, 방금 검은 옷을 입고 지나간 여자가 마녀일지도 몰라! 내 눈엔 그렇게 보여. 그녀가 돌아올 때 우리 옆을 지나면서 너희 머리카락을 뽑지 못하도록 해. 그걸로 너희에게 주문을 걸지도 몰라.

세라: 아, 밥. 헛소리 좀 그만해. 당연히 마녀가 아니지. 화장실 가는 중이었다고.

록사나: 세라, 네 주장에 따르면 마녀일 수도 있어.

세라: 터무니없군. 그건 밥의 어리석은 생각이지, 내 생각이 아니야.

록사나: 넌 오류가능주의자라고 네 입으로 말했잖아. 네 말대로라면 누구든 무엇에 관해서든 틀릴 수 있어.

세라: 그래서?

록사나: 네 말에 따르면, 그녀가 마녀가 아니라는 네 주장은 틀릴 수도 있는 거지.

세라: 원칙적으로는 그래. 하지만 그럴 가능성은 아주 적어.

록사나: 하지만 만약에 그녀가 마녀가 아니라는 네 주장이 틀리다면 결론적으로 그녀는 마녀야.

세라: '만약' 한번 대단하구나.

록사나: 네 말에 따르면 그녀가 마녀가 아니라는 네 주장이 틀릴 수도 있으니 그녀는 마녀일 수도 있는 거지.

세라: 좋아, 그녀가 마녀일 수도 있지. 하지만 그럴 가능성은 매우 적어.

록사나: 그러니까 네 말에 따르면 그녀가 마녀일 수도 있다는 내 주장을 전면 부정한 건 틀렸다고.

세라: 자꾸 되새길 건 없잖아.

밥: 조심해, 그녀가 돌아오고 있어. 저기 언덕 위에 빛나는 해를 보자고.

록사나: 특별할 것도 없는 풍경인걸.

밥: 이제 갔어. 그녀가 지나가면서 자크의 좌석에 손 얹는 거 봤어?

자크: 기차가 흔들리니까 균형을 잡으려 했겠지, 밥.

밥: 너 모르게 머리카락 한 올을 뽑아 갔을지도 몰라.

자크: 밥, 그런 위험은 그냥 감수할래.

밥: 세라, 그녀가 마녀라는 걸 아직도 부정하니?

세라: 응, 그녀는 마녀가 아니야. 이상 끝.

밥: 그렇게 분명하게 단정해서 말해도 괜찮겠어?

세라: 응. 괜찮아. 전에 말했잖아. 어느 지점에서는 확실한 태도를 취해야 한다고. 산다는 건 위험이 가득한 일이야. 내가 옳기 위해서는 그 대가로 틀릴 수 있다는 위험을 감수해야 해.

밥: 그런데 록사나 말에 너도 인정했잖아. 그녀가 마녀일 수도 있다고.

세라: 맞아, 뭐가 문제야? 그게 내가 생각하는 오류가능주의야.

록사나: 그 여자가 마녀라고 밥이 혐의를 제기할 때 넌 '그녀는 무죄야. 하지만 무죄가 아닐 수도 있어'라고 말하는 거네.

자크: 그 말은 설득력이 없는데, 세라.

세라: 하지만 사실이야!

밥: '그녀는 무죄이지만 무죄가 아닐 수도 있어'라는 말은 한 손으로 주고 다른 손으로 빼앗는 것과 같아.

세라: 일리 있는 말이야. 문장 어디쯤에서 겁먹은 것처럼 이상하게 들리긴 하네. 애초에 '그녀가 무죄'라고 분명하게 단언하지 말았어야 했나 봐.

록사나: 너의 오류가능주의가 전반에 관련된 것이니 문제 역시 전반적이지. 무엇에 대해서든 분명하게 단언하는 경우 너의 오류가능주의가 그 단언의 내용을 훼손시켜.

세라: 분명하게 단언할 때 '그녀가 무죄일 개연성이 매우 많다'고 말할 수도 있지 않았을까?

록사나: 개연성에 대해서도 네가 틀릴 수 있다는 걸 이미 인정했잖아.

세라: 그래, 당연하지.

록사나: 그러니 넌 이렇게 말해야 해. '그녀가 무죄일 개연성이 매우 많지만 그녀가 무죄일 개연성이 매우 많지 않을 수도 있어'라고.

세라: 그 말 역시 앞뒤가 안 맞는 것 같지 않아?

자크: 미안하지만 널 그 여자의 변호사로 추천할 수는 없을 듯해, 세라.

세라: 문제는 뭔가를 분명하게 단언한 다음 그렇지 않을 수 있다고 덧붙이는 데 있어. 무엇에 관해서인지는 중요하지 않아. 심지어는 개연성도 마찬가지고. 뭔가를 분명하게 단언하지 말아야 해.

록사나: 단언하지 말아야 한다고 단언하는 거니?

세라: 아니야, 그러면 내 입으로 날 비난하는 게 되지 않겠어? 단언하지 말아야 한다고 추정하는 편이 낫겠어.

록사나: 세라는 끝까지 고수하지 못하는 문제가 있어.

밥: 그래도 생각은 분명하게 단정할 수 있잖아, 세라.

세라: 말할 때와 마찬가지로 생각할 때에도 똑같이 틀릴 가능성이 있어. 무슨 생각을 하든 그 뒤에 '하지만 내가 틀릴 수도 있어'라고 기꺼이 덧붙여야 하지. 문제는 같아. 분명하게 단언하지 말아야 하듯 분명하게 단정해서 생각하지 말아야 해.

밥: 어딘가에서는 분명한 태도를 취해야 한다며. 지금은 어디쯤

오류가능주의란 이렇게 말하는 셈이지.
"그녀가 무죄일 개연성이 매우 많지만 그녀가
무죄일 개연성이 매우 많지 않을 수도 있어."

에서 분명한 태도를 취할 건데?

세라: 분명한 태도가 곧 독선적인 태도를 의미한다면 어디에서
도 분명한 태도를 취하지 않을 거야. 뭔가를 말하거나 생각할 때
내가 단지 추정하는 것처럼 다루겠어.

밥: 네가 우유부단한 사람인 줄은 몰랐어. 모든 게 추정이라면
어떻게 뭔가를 하기로 마음먹을 수 있겠어? 언제 기차에서 내릴지
어떻게 결정할 거야?

세라: 개연성을 근거로 삼아야겠지.

밥: 개연성에 관한 추정을 말하는 거야?

세라: 내가 추정하는 것 중 몇 가지를 근거로 삼아야겠지. 다른
것에 비해 훨씬 더 많이 확신하는 것들이 있거든. 어느 정거장에서
내릴지에 대해서는 어느 정도 확신해.

밥: 어느 정도 확신한다고 추정하는 거지.

세라: 어느 정도 확신한다고 어느 정도 확신해.

록사나: 아무 생각 없이 이 기차에 탄 거니, 아니면 어떻게 할지
추론하고 탄 거니?

세라: 당연히 이 기차에 무턱대고 탄 건 아니었어. 플랫폼을 확인했지. 네가 내 사고 과정을 실제로 분석했다면, 역 방송의 신뢰도에 대한 추정을 바탕으로 추론한 다음 이 기차에 타야 한다는 결론에 이른 걸 알 수 있을 거야.

록사나: 이 기차가 맞는다는 추정에 근거했겠군.

세라: 아니면 이 기차가 맞을 개연성이 매우 많다는 추정에 근거했겠지.

록사나: 어쨌든 넌 추정에 의존했던 거야.

밥: 무슨 얘기를 하려는 거야?

록사나: 인내심 없이는 결코 이해하지 못하지. 세라는 어떻게 할지 결정하는 과정에서 뭔가를 분명하게 단정해서 생각하는 것과 하나의 추정으로 의존하는 것 사이에 무슨 차이가 있다고 생각하는 거니?

세라: '내가 잘못 알았을 수도 있다'는 말을 기꺼이 덧붙인다는 차이가 있지.

록사나: 너는 분명하게 단정해서 생각하면서도 '내가 잘못 알았을 수도 있다'는 말을 덧붙이는구나.

세라: 그런 말을 덧붙이는 건 매우 중요해. 겸허한 태도를 유지할 수 있거든.

록사나: 실제로 네 판단은 동일해. 오류가능성을 인정하는 것에 따라 판단을 내리지 않고 네 추론에 의한 가정에 따라 판단을 내리

니까. 오류가능성은 인정하지만 그럼에도 넌 여전히 이 기차에 타며, 다만 겸허한 태도를 보이는 거지.

세라: 내 가정에 대해 종종 점검해.

록사나: 뭔가를 분명하게 단정해서 생각하는 사람도 안전을 위해서 점검을 하지. 넌 분명하게 단정해서 생각하지 않겠다고 새로이 결심했지만, 실제 행동은 그런 결심을 따르지도 않고 그렇게 할 수도 없는 것 같아. '하지만 내가 잘못 알았을 수도 있다'고 덧붙이는 것은 비현실적인 원칙을 어긴 데 대한 양심의 가책을 덜기 위함이지. 넌 분명히 단정하지 않겠다고 한 이후로도 많은 단정을 했어. 방금 전에도 네 가정에 대해 종종 점검한다고 단언했지. 네가 겸허한 태도를 보인다고 자랑할 때조차 많은 단정을 했어.

세라: 겸허한 태도에 대해서도 내가 틀릴 수 있어!

록사나: 로마 황제가 시가지에서 개선 행진을 할 때 노예 한 명이 전차에 함께 타서 황제 귀에 대고 황제가 인간이라는 사실을 계속 속삭이며 일깨운대. 황제가 겸허한 마음을 갖도록 하기 위해서지. 그런 속삭임이 얼마나 큰 효과를 거두었는지는 미심쩍어. 오류가능주의자가 그 노예와 같지. 우리 인간이 오류를 저지를 가능성이 있다고 일깨워주는데, 소중하지만 으레 따라붙는 관례처럼 진부하고 대개는 별 소용이 없어.

세라: 부당한 지적이야. 오류가능주의자가 일깨우는 말에는 특정한 구체성이 있어. 우리 모든 생각을 개별적으로 놓고 볼 때, 그

것이 거짓인 경우에도 우리는 신체적으로나 정신적으로나 그런 생각을 할 수 있는 능력이 있지. 이 기차는 내가 타려던 기차가 맞다고 생각하지만 사실 그렇지 않은 경우에도 나는 신체적으로나 정신적으로 이 기차가 내가 타려던 기차가 맞다고 생각할 수 있는 능력이 있어.

록사나: 전형적인 성급한 일반화야. 실제로 네가 존재하지 않는 상황에서도 신체적으로나 정신적으로 네가 존재한다고 생각할 수 있는 능력이 있을까?

세라: 그건 특별한 경우지. 존재하지 않는 상황이라면 당연히 생각할 수 있는 신체적, 정신적 능력이 없잖아.

록사나: 실제로는 네가 생각을 할 수 없는 상황인데도 신체적으로나 정신적으로 네가 생각한다고 생각할 수 있는 능력이 있을까?

세라: 아니야, 내가 생각한다고 생각한다면 그게 사실은 생각하는 거지.

록사나: 실제로는 네가 오류일 가능성이 없을 때에도 신체적으로나 정신적으로 네가 오류일 수 있다고 생각할 수 있을까?

세라: 인간은 신체적으로나 정신적으로 오류의 가능성이 없을 수가 없어. 어쨌든 오류가능성이 없는 존재는 자신이 오류일 가능성이 없다는 점에 대해 틀릴 수가 없을 거라고 봐.

록사나: 실제로는 5+7이 12가 아니고 다른 것일 때에도 넌 신체적으로나 정신적으로 5+7이 12라고 생각할 능력이 있어?

세라: 5 + 7은 12가 아닌 다른 어떤 것이 될 수가 없어.

밥: 사람들이 '+'를 덧셈이 아닌 곱셈의 의미로 사용할 수도 있잖아.

록사나: 물론이지. 하지만 그런 경우에도 5 + 7은 35가 아니라 12일 거야. 그 경우에 '5 + 7'이라는 기호는 다른 것을 의미하는 것 뿐이니까. 또다시 논점을 혼동하지 마.

밥: 미안.

세라: 알았어. 우리가 무슨 생각을 하든 신체적으로나 정신적으로 잘못 생각할 수 있는 능력이 있다고 한 건 내가 틀렸어. 내가 생각했던 방식으로 우리가 늘 오류의 가능성을 지니는 건 아니야. 하지만 그래도 여전히 난 오류가능주의자이며 내 잘못을 인정하고 그로부터 배우지. 나의 잘못된 일반화를 철회해. 오류가능주의는 보다 추상적인 내용을 지녀. 인간은 어떤 사고 영역에서든 신체적으로나 정신적으로 실수를 할 수 있다고. 심지어는 수학에서도 우리는 잘못 계산할 수 있어.

록사나: 그러니까 오류가능주의는 내 말대로 인간의 오류가능성을 일반적으로 일깨우는 주장인 거야.

밥: 가끔은 내가 정확하게 계산했다고 생각했는데 나중에 알고 보면 잘못 계산한 때도 있어. 내가 정확하게 계산하는 경우에 내가 잘못 계산하는 게 아니라는 걸 어떻게 알까?

세라: 너 계산 잘 못하니? 실제로 그렇다면 네가 정확하게 계산

한다고 못 믿지. 심지어 정확한 답을 얻더라도 그저 운이 좋아 그런 거고.

밥: 그렇게 형편없지 않아. 대개는 맞게 계산해.

자크: 그 점에 관해 네 기억이 널 속일 수도 있지 않을까?

밥: 내 생각보다는 계산을 잘 못할 수도 있지.

록사나: 기억력도 완벽하고 계산 능력도 초능력 수준으로 완벽한 사람이라도 속으로는 '난 단지 기억력이 완벽하고 계산 능력도 초능력 수준으로 완벽한 사람처럼 보일 뿐, 사실은 기억력이 형편없고 계산 능력도 형편없는 사람일지 몰라' 하고 말할 수도 있어. 그렇다면 이는 그 사람이 5＋7은 12라고 아는 게 아님을 보여주는 거잖아?

세라: 점점 말도 안 되는 방향으로 가고 있어. 아는 게 불가능한 일이 아니라면, 계산 능력이 훌륭한 사람은 5＋7이 12라는 걸 알 거야. 오류가능주의의 핵심은 우리 같은 동물이 실제로 도달할 수 있는 지식의 기준을 정하는 데 있어. 인간의 지식을 성립하는 데 애초 목적이 있지. 모든 지식이 성립되지 못하도록 기준을 정하면 애초 목적이 무력해져. 우리가 계산을 올바르게 한다면 비록 기상천외한 의심으로 우리 자신을 괴롭힐 여지가 여전히 있더라도 5＋7이 12라는 것을 알게 돼.

자크: 세라, 사도마조히스트 성향이 있는 거야? 넌 괴롭힘을 당하는 즐거움과 남을 괴롭히는 즐거움을 모두 갖고 있어.

세라: 그건 네 생각이지, 자크.

록사나: 세라는 5+7이 12라는 걸 안다고 마지못해 인정하지.

세라: 맞아. 정상적인 인간의 기준에 의하면 난 정확하게 계산할 줄 알아. 5+7이 12라는 걸 알아.

록사나: 그래도 또 이렇게 덧붙일 거지? '하지만 나는 5+7이 12라고 잘못 알고 있을 수도 있어'라고.

세라: 그러지 않을 거야. 5+7이 12라는 것에 대해 내가 틀릴 수도 있다면 나는 5+7이 12라고 아는 게 아니야. 하지만 난 알고 있어. '내가 틀릴 수도 있다'는 말을 너무 쉽게 해서 그 말의 가치를 떨어뜨려서는 안 돼. '나는 안다'는 말을 너무 까다롭게 하는 것과, '내가 틀릴 수도 있다'는 말을 너무 쉽게 하는 것은 동전의 양면과 같지. '나는 안다'는 말의 기준을 우리가 결코 도달할 수 없는 수준으로 정하는 것은 무의미하며, '내가 틀릴 수도 있다'는 말의 기준을 우리가 항상 처해 있는 수준으로 정하는 것 역시 무의미해. 도저히 통과할 수 없거나, 도저히 실패할 수 없는 시험을 뭐하러 정하는 건데?

자크: 내가 강의를 듣는 가장 훌륭한 강사 한 명이 있는데 그는 자기 강의를 듣는 모든 학생에게 A학점을 줬어, 세라.

세라: 인기를 끌려던 거지.

자크: 그는 이미 인기가 있어. 영감을 가져다주는 색다른 인습 타파적 강의로 인기를 얻었지.

'나는 안다'는 말을 너무 까다롭게 하는 것과
'내가 틀릴 수도 있다'는 말을 너무 쉽게
하는 것은 동전의 양면과 같아.

세라: 짜증스러운 강의일 것 같다. '내가 틀릴 수도 있다'는 말을
얼마나 자주 하는데?

자크: 그런 용어를 쓰지는 않아, 세라. 하지만 난 그보다 더 열린
마음인 사람은 본 적이 없어.

세라: 으음, 난 그런 표현을 쓰지만 그렇다고 무턱대고 쓰지는
않아. '7+5=12라고 알고 있는 내가 틀릴 수도 있어'라는 말은 결
코 하지 않아.

록사나: 지적 겸손함을 독선적으로 과시하던 세라가 드디어 포
기하는구나.

세라: 네가 지적 겸손함을 지닌다고 해서 비난할 사람은 아무도
없어.

록사나: 너의 독선에 대해 비난했던 거야. 겸손함을 비난한 게
아니고.

밥: 그래서 네 결론은 뭔데, 세라?

세라: 지식을 아는 데 반드시 완벽할 필요는 없어. 우리는 통상
적인 상황에서 보통 인간의 인지 능력과 추론 능력을 이용할 수 있

내가 옳고, 네가 틀려!

어. 우리가 아는 지식이 있다는 걸 인정하는 데 수줍어하지 않아도 돼. 하지만 한편으로 우리가 단지 인간일 뿐이라는 걸 잊어서도 안 되지.

자크: 인간적인, 너무나 인간적인.

세라: 인간의 기준으로 인간의 지식을 판단해야지. 과학은 우리에게 많은 지식을 제공했어. 인간의 감각을 이용하여 세계를 관찰함으로써 얻은 지식을 토대로 하고 있고.

자크: 그렇다면 지금 당장 넌 세계를 올바로 관찰함으로써 무엇을 아는데?

세라: 우리 네 명 모두는 태양이 빛나고 있다는 걸 알지. 우리 눈으로 볼 수 있으니까.

자크: 환각 증상이 아니라고 나한테 입증할 수 있어, 세라?

밥: 세라가 너한테 어떤 걸 증명할 필요는 없잖아, 자크.

자크: 밥, 나만 문제되는 건 아니야. 안다고 주장하면서 다른 사람에게 자기주장을 설명하려는 태도를 보이지 않는다면 그건 권위주의적인 거야. 네게 이의를 제기할 기회도 주지 않은 채 네가 안다는 주장을 다른 사람에게 받아들이라고 할 수는 없어. '내가 네 주장을 받아들이길 원한다면 증명해봐' 하고 누구든 말할 수 있어야 해. 세라가 그런 게임을 할 용의가 없다면 안다고 주장해서는 안 되지.

세라: 난 그런 게임을 할 용의가 있어. 과학자로서 이번에는 자

크 말에 동의해.

자크: 샴페인을 터뜨려야겠군.

세라: 맑은 정신으로 얘기하자고, 자크. 아직 우린 의견이 다른 점이 많아. 하지만 권위에 의거한 주장을 받아들이는 것은 반과학적이지. 과학은 모든 진술에 이의를 제기할 수 있도록 열어놓음으로써 인간의 오류가능성을 보완해.

록사나: 그 진술에 이의를 제기해도 돼?

세라: 과학에 관해 뭘 알고 있는데, 록사나?

자크: 수상쩍게도 권위에 호소하는 말처럼 들리는데, 세라.

세라: 난 록사나에게 질문을 했을 뿐이야.

밥: 세라, 검은 옷의 여자가 다시 지나간 거 봤어?

세라: 방금 화장실로 갔어.

밥: 아까 다녀가고는 얼마 되지도 않았어. 저기서 뭘 하는 거지? 못된 짓을 하고 있을 거야.

세라: 여자애가 화장실에서 할 일을 하고 있겠지.

록사나: 여자애는 아니야.

밥: 핸드백 속에 뭐가 들었을까? 마법 재료일까? 내 본능은 그녀가 마녀라고 말하고 있어.

세라: 우리 모두 그녀가 마녀가 아니라는 걸 알아. 으음, 어쩌면 넌 아닐 수도 있겠네, 밥. 하지만 그건 너의 똘끼일 뿐이야.

밥: 날더러 또라이라는 거야?

세라: 말이 그렇다는 것뿐이야. 하지만 네 별난 생각 때문에라도 너는 그녀가 마녀가 아님을 알게 될 거야.

자크: 세라, 그녀가 마녀가 아니라는 걸 밥에게 입증할 수 있어?

세라: 마법에 관한 밥의 생각을 누가 바꿀 수 있을까? 밥, 그녀가 마녀인지 아닌지 알아보기 위해 그녀가 다시 돌아올 때 우리가 할 수 있는 게 뭐가 있어?

밥: 그러려면 매우 위험할 텐데. 마녀를 방해해서는 안 돼.

세라: 난 위험을 감수할 용의가 있어. 그녀가 정말 마녀고 내가 핸드백 안을 살펴보겠다고 하면 그녀가 어떻게 나올까?

밥: 안 보여주겠지. 나중에 너한테 저주를 걸 테고.

록사나: 나 역시 세라가 내 핸드백 안을 살펴보겠다면 허락하지 않겠지만, 그렇다고 내가 마녀는 아니야.

밥: 그 문제라면 우리는 그저 네 말만 믿는 거지.

세라: 그녀가 온다.

자크: 핸드백 안에 아주 사적인 물건이 있을지도 몰라, 세라.

밥: 세라, 아무것도 하지 마! 너무 위험해.

세라: 잠깐 실례할게요. 이런 말을 하면 터무니없이 무례하게 들리겠지만 핸드백 안을 살펴보도록 해줄 수 있을까요? 내기를 했거든요. …… 고맙습니다. 정말 친절하네요. …… 내가 이겼어!

자크: 그 안에 뭐가 들었는데?

세라: 갖가지 화장품들이 어마어마하게 들었더라.

밥: 그녀는 한 마디도 하지 않았어. 그 점이 수상쩍어. 그녀가 널 쳐다보는 시선 봤어, 세라? 너한테 무슨 짓을 했는지 누가 알겠어? 기분 괜찮아?

세라: 고맙게도 아주 좋아. 이젠 너도 인정해야 해. 밥, 그녀는 마녀가 아니야. 네가 그랬잖아. 그녀가 마녀인데 내가 핸드백 안을 살펴보겠다고 부탁하면 거절할 거라고. 난 부탁했고 그녀는 내가 살펴보도록 해줬어. 그러니 네가 제시한 시험에 따라 그녀는 마녀가 아니야.

밥: 마녀가 그런 부탁을 받으면 어떻게 나올지 내가 잘못 생각했을 수도 있지.

세라: 아, 밥, 정말 그러기야? 아무튼 그녀 핸드백 안 물품들에는 아무런 혐의가 없었어.

밥: 겉으로 보기에 혐의가 없을 뿐이야, 분명해. 노련한 마녀라면 마법 도구들을 평범한 화장품처럼 보이도록 했겠지. 세라, 넌 생각보다 훨씬 큰 곤경에 빠졌을지도 몰라. 이기적으로 들리겠지만 내가 네 입장이 아니어서 정말 다행이야.

세라: 밥의 생각을 바꾸는 문제에 대해 내가 왜 그런 소리를 했는지 이제 그 뜻을 알겠지, 자크.

자크: 밥, 네 입장은 정말 확고부동하구나. 세라, 넌 밥이 틀렸다는 걸 그에게 입증하긴 어렵겠다.

세라: 합리적 기준에 의하면 여전히 난 그가 틀렸고 그녀가 마

녀가 아니라는 걸 알아. 게다가 밥이 스스로 내놓은 기준에 따라 그걸 입증하기도 했어. 그런데 밥이 골문을 옮겨버린 거지. 내가 그를 설득하지 못했다고 내가 알지 못한다는 의미는 아닌 거야. 그가 완강하게 고집을 피운다는 의미일 뿐.

밥: 합리적 기준에 따라 나는 그녀가 마녀임을 알아. 그녀가 저기 서 있을 때 정말로 느낄 수 있었거든.

세라: 밥, 안다는 건 네 개인적인 느낌의 문제가 아니야. 다른 사람도 확인할 수 있는 기준에 따라 무엇을 입증할 수 있는가의 문제라고. 그게 과학적 방법이야.

밥: 그 다른 사람 속에 난 안 들어가? 마녀가 어떻게 나올지 내가 잘못 판단한 근거 위에서 네 증명이 진행되었으니 제대로 증명된 게 아니라고 정정했는데도 넌 내가 바로잡으려는 걸 받아들이지 않았어. 그 점과 관련해서는 뭐가 그렇게 과학적인 건데?

세라: 확인 과정은 능력 있는 전문가에 의해 이루어져야지. 길거리에서 아무 늙은이나 확인한다고 되는 게 아니라고.

밥: 내가 그저 아무 늙은이라는 거지?

세라: 개인적으로 받아들이지 마, 밥. 하지만 과학적 결과가 모든 사람에게 만장일치로 인증을 받아야 한다면 어떤 괴짜 하나 때문에 영원히 발전이 가로막힐 수 있어.

밥: '괴짜'라니!

자크: 누가 능력 있는 전문가이고 아니면 괴짜인지 판단하는 사

람은 누군데, 세라?

세라: 과학계 자체랄까.

자크: 그러니까 능력 있는 전문가로 이미 인증 받은 사람을 말하는 거야, 세라?

세라: 실질적으로는 그런 셈이지. 그렇게 말하는 너도 아까 그랬잖아.

자크: 세라, 네 말을 정리하면 이런 얘기야. 과학계는 그 자체로 영구적인 엘리트 집단이다. 나머지 우리는 그저 그 권위를 받아들여야 한다. 그들은 자신의 과학적 주장이 타당함을 서로에게 보여주며 우리에게는 보여주지 않는다. 이건 상당히 권위주의적인 체제 아닌가?

세라: 과학계는 폐쇄적이지 않아. 과학 교육을 받고 시험을 통과하여 자신이 능력 있음을 입증하면 누구든 들어갈 수 있어.

자크: 그 공동체에 이미 들어간 사람들에게 자신이 능력 있음을 입증하라는 거네. 넌 과학 모임에 속하고 밥은 그렇지 않으니, 네가 안다는 주장은 중요한 의미를 지니고 밥이 안다는 주장은 그렇지 못하다고 지금 너는 밥에게 말하는 셈이야. 네가 안다는 주장은 벌거벗은 권력(전통이나 동의에 바탕을 두지 않은 권력-옮긴이)의 치부를 가리는 무화과 나뭇잎에 불과한 건 아닐까?

밥: 기차 칸 저쪽에 있는 개를 봐. 자기에게 먹이를 줄 거라는 걸 알고 꼬리를 흔들고 있어.

안다는 건 개인적인 느낌의 문제가 아니야.
다른 사람도 확인할 수 있는 기준에 따라
무엇을 입증할 수 있는가의 문제라고.

록사나: 역시나 밥은 또 딴 데 정신을 파는구나.

세라: 개에 대해 밥이 안다는 주장 역시 벌거벗은 권력의 치부를 가리는 무화과나무일까, 자크?

자크: 알아들었구나, 세라.

밥: 누가 벌거벗은 권력이라는 거야? 개?

자크: 아니, 너의 벌거벗은 권력을 말하는 거야, 밥. 개가 무엇을 아는지 인간이 판단하니까. 그 문제에서 개는 아무 결정권이 없어.

밥: 내 옷이 마음에 들지 않아도 상관없지만 나더러 벌거벗었다고 하지는 마.

자크: 난 네 옷이 마음에 들어, 밥. 그런데 옷을 입지 않은 사람들이 무엇을 알고 있는가에 대해 옷을 입은 사람들이 판단하고 있지. 과학자가 아닌 사람들이 무엇을 알고 있는가에 대해 과학자가 판단하는 것과 똑같아.

록사나: 이제 '벌거벗은 권력'이 제대로 된 옷을 입었네.

밥: 우리 집에 무화과나무가 한 그루 있어. 그 잎사귀 하나 덮는다고 네 몸이 따뜻해지지는 않아. 심지어는 품위를 지켜주지도 않지.

세라: 어쨌든 동물이 무엇을 아는지에 대해 우리 인간이 판단하더라도 틀릴 수가 있어. 봐봐, 저 개는 곧 자기에게 먹이를 줄 거라는 걸 알지 못했어. 그릇의 물을 마시고 있잖아. 개는 자기에게 물을 줄 거라고 알았던 거야.

자크: 그건 인간의 판단을 인간이 바로잡는 거지, 세라.

밥: 지금 개는 자기 그릇에 물이 있다는 걸 알아. 물을 볼 수 있고 맛볼 수 있어.

록사나: 개는 자기 그릇에 물이 있다는 걸 능력 있는 전문가에게 증명할 수 있나?

세라: 개는 자기의 믿음이 옳다는 것을 어느 누구에게도 입증할 수 없어. 개에게 그런 걸 기대하는 건 어리석어. 그렇지만 개는 감각을 통해 알아.

밥: 개는 입증하지 않고도 아는데 왜 인간은 그럴 수 없는 거야?

자크: 우리는 말을 할 수 있지만 개는 못하잖아, 밥.

세라: 뭔가를 안다고 주장하는 사람이 있다면 나는 그것을 입증해보라고 요구할 수 있어. 만일 증거를 내놓지 못하면 나는 그가 안다는 주장을 인정하지 않지. 인간은 이의 제기를 이해하기 때문에 입증 요구에 부응할 거라고 기대할 수 있어. 하지만 개는 이의 제기를 이해하지 못해. 그러니 입증 요구에 부응할 거라고 기대할 수 없고.

밥: 우리는 말을 할 수 있고 개는 말을 할 수 없기 때문에 개보다

우리가 아는 게 더 힘들다는 거야? 우리는 질문에 답할 수 있어야 하지만 개는 그렇지 못해. 언어 덕분에 알기가 쉽다고 기대하지, 더 힘들다고 기대하지는 않아.

세라: 언어가 없다면 과학 지식도 없었을 거야. 인간은 과학 지식을 갖고 있지만 개는 그렇지 못해.

밥: 인간과 개가 둘 다 아는 것을 말해봐. 우리와 개 모두 개 밥그릇에 물이 있음을 알지.

세라: 이제는 물이 없어. 개가 다 마셔버렸어.

밥: 좋아. 우리는 개 밥그릇에 물이 있었다는 걸 알아. 개는 그것을 누구에게도 입증할 필요가 없어. 그냥 아는 거야. 그런데 네 말에 따르면 난 알 수 없어. 나는 질문을 던지는 '능력 있는 전문가'에게 그것을 입증해야만 하지.

세라: 네가 어떻게 알았는지 질문을 받는다면 언제든 '내가 기억한다'고 말할 수 있어.

자크: 세라, 네가 잘못 기억하는 게 아니라는 걸 어떻게 아느냐고 전문가들이 되묻는다면 그 정도 대답으로는 충분치 않아.

밥: 그렇다면 내가 기억한다는 대답 말고 뭐라고 답할 수 있는데? 자크, 너라면 더 멋진 대답을 만들어내겠지? 넌 늘 뭔가 말할 게 있잖아.

자크: 네 말이 맞아, 밥. 그런데 난 목소리가 큰 사람은 아니야. 조용한 타입이지.

밥: 우리 동네 아래쪽에 사는 사람이 있어. 그는 말을 할 수 있지만 그다지 똑똑하지는 않아. 네가 그에게 '개 밥그릇에 물이 있었다는 걸 어떻게 알아요?'라고 묻는다면 그 질문은 그에게 당혹감만 안겨줄 거야. '내가 기억한다'는 대답조차 생각하지 못할 거야. 하지만 그는 기억했을 테지. 비록 타당한 근거를 내놓지는 못하더라도 그는 알고 있어. 뭔가를 안다는 것의 기준과 관련해서, 말주변을 지닌 지식인들이 자기네한테만 적합하고 나머지 많은 사람에게는 불만스러운 기준을 적용하는 것은 부당해.

세라: 좋아. 하지만 그가 아는 지식이 과학의 한 부분인 것처럼 굴지는 마. 비록 증명해야만 안다고 할 수 있는 것은 아니라 해도, 과학의 경우에는 보다 높은 기준을 적용하지.

밥: 네가 말했잖아, 과학은 관찰을 토대로 한다고. 과학자도 동물과 마찬가지로 감각을 통해 알게 된 것에 의존해.

세라: 요즘은 현미경, 망원경, 측정 기구 등으로 많은 걸 알아내고 이런 도구가 인간의 개입 없이 곧바로 컴퓨터에 자료를 보내지. 많은 실험실에서 실험을 반복하고 여러 결과를 비교하며 통계적 검사도 적용해. 그저 창밖을 내다보면서 눈에 보인다고 생각되는 것을 말하는 일과는 다르다고.

밥: 이 모든 기계를 관리하고 올바르게 작동하도록 해주는 인간 기술자가 없는 듯 얘기하지 마. 그들은 여전히 눈과 귀에 의존하고 있어.

세라: 그래도 전체 과정은 동물의 지각에만 의존하는 것보다 훨씬 신뢰도가 높아.

밥: 그럴지도 모르지. 하지만 네가 과학 잡지를 통해 지식을 얻을 때, 그 책을 읽는 네 눈과 그 글을 쓴 과학자들을 신뢰하는 거 아닌가? 그런데 그게 사기가 아니라고 누가 그래?

세라: 논문은 학술지(잡지가 아니야, 밥) 편집진이 적절하게 선별한 능력 있는 심사위원과 다른 과학자들의 확인을 거치게 될 거야.

자크: 게으르거나 편견 있는 심사위원을 편집진에서 선택하거나, 실제로는 논문에 대한 확인 절차를 거치지 않은 채 그런 척하는 경우도 있지 않을까? 그들 역시 인간임을 너도 나만큼 잘 알잖아, 세라.

세라: 물론 실수나 사기는 있어. 하지만 결국에는 밝혀지고 바로잡히지.

밥: 넌 그렇게 말하겠지만 난 그걸 증거로 보지 않아. 과학 학술지에서 어떤 글을 읽었든 모두 다음 학술지에 가면 그 내용이 수정될 수 있어. 또한 거짓이 실리더라도 언젠가는 바로잡힐 거라는 확실성도 없어.

세라: 이 세상에는 보장을 기대할 수 없는 것이 아주 많아, 밥.

밥: 세탁기에 대해서는 보장을 기대할 수 있어. 왜 과학 학술지에는 보장을 기대하면 안 되지?

세라: 그런 식의 보장을 말하는 게 아닌 건 너도 알잖아, 밥. 세

탁기에 대한 보장이 있다고 해서 고장이 안 나는 건 아니야. 다만 불확실성을 줄일 수 있지, 완전히 제거는 못하겠지만 말이야. 이것 역시 오류가능주의네.

자크: 세라, 지금 우리에게 너의 과학적 입장을 의심 없이 그대로 받아들이라는 거니?

세라: 아니, 그런 얘기가 아니야. 이건 종교 같은 게 아니거든. 작은 결함들이 있긴 하지만 과학은 우리가 세계에 대해 알 수 있는 가장 훌륭한 수단이야. 사실이라는 증거도 없이 어떤 입장을 그냥 선택하는 맹신과는 전혀 다른 거지. 뭔가를 안다고 해서 병적인 의혹까지 잠재울 수는 없다고 다들 동의했었잖아.

자크: 그래서 지금 네게 반대하는 사람들이 정신병자라는 거야, 세라? 과거 소련이 반정부인사들을 그렇게 취급하지 않았나?

밥: 내가 미쳤다는 말이니, 세라?

세라: 당연히 아니지. 자크가 날 괴롭히려고 그런 것뿐이야.

자크: 나한테 성격 결함이 있다는 얘기야, 세라? 너는 지식과 권력의 불가분 관계에 대해 내가 줄곧 말해온 주장은 진지하게 받아들이지 않고, 네 의견을 받아들이지 않는 사람을 폄훼하기만 해. 사람들이 과학의 권위에 도전할 때 어떤 취급을 받게 될지 널 보면 예상이 돼. 아마 정신병자 취급을 받겠지.

밥: 그건 좀 과장 아니야, 자크? 비록 내 외모가 조금 기이하긴 하지만 마법을 믿는다는 이유로 박해를 받거나 정신병원에 갇힌

적은 없어.

자크: 대단히 미안한 말이지만, 밥. 넌 그렇게 중요한 인물이 아니야. 과학의 기득권 세력에게 위협이 되지 않지. 하지만 그들이 위협을 느끼는 경우 어떤 방법을 쓸지 대략 알 수가 있다고.

세라: 조롱이 더 효과적이지 않을까? 과학에 반기를 드는 사람들, 다시 말해 지구가 평평하다고 믿는 사람들이 우스꽝스럽게 보이도록 풍자하는 게 쉽지.

자크: 그래, 세라. 풍자는 기득권을 지키는 강력한 수단이야. 농담은 검증되지 않은 가정에 근거하고, 사람들은 사고하는 대신 그냥 웃고 마는 거지.

세라: 내 경험으로 볼 때 풍자는 대개 정부를 공격 대상으로 해. 반대 세력을 공격하는 일은 별로 없지. 어이없는 일이 벌어지는데도 이를 조롱하지 않으면 나쁜 통치자들은 아무 제재도 받지 않은 채 빠져나갈 거야. 그들의 거만한 수사법을 아무도 비웃지 않을 테고. 유머 감각은 독재에 대한 방어수단이지.

자크: 대중이 지닌 기존 가치를 정부가 너무 뻔뻔스러울 정도로 지키지 않을 때 정부는 무너지지. 내 관심사는 그러한 가치 자체가 지니는 권위야. 바로 거기에 숨은 힘이 있거든. 사람들이 우습게보지 않는 가치가 힘을 지닌다고. 사람들은 오래전에 유효 기간이 끝난 심판관을 비웃는 거지, 결코 정의를 비웃는 게 아니야.

록사나: 사람들은 진실이 여러 개일 때 비웃지, 진실을 비웃지

합리적 논의의 권위로부터 해방된 사람들은
편견에 따라 행동해. 그런 편견이 왜 정당한지
합리적 근거를 댈 필요도 없이 말이야.

는 않아.

세라: 사람들이 현실에서는 합리성을 비웃어도, 원칙적으로는
합리성을 비웃지 않아.

밥: 사람들이 그런 가치를 비웃지 않는 것은 그 가치가 우습지
않기 때문이지.

자크: 아니야, 밥. 사람들이 비웃지 않기 때문에 그런 가치들이
우습게 여겨지지 않는 거야.

세라: 미친 독재자는 아마 진실과 정의, 심지어는 합리성도 비
웃을걸.

밥: 그렇다면 그가 틀린 거겠지.

자크: 누구 입장에서 틀리다는 거야, 밥?

밥: 제정신을 가진 사람들 입장에서 틀린 거지.

자크: 누가 제정신을 가진 사람인지는 누가 결정하는데, 밥?

밥: 으음. 내가 제정신을 가진 사람이든 아니든 난 진실이나 정
의나 합리성을 비웃지 않아.

세라: 나도 비웃지 않아.

록사나: 나도. 난 그런 가치들이 부재한 상황을 경험한 적 있어.

자크: 좋아, 너희 모두 진실이나 정의나 합리성 같은 보수적 가치의 이름으로 내 입을 막는구나. 너희는 힘이 있어. 3대 1로 수가 많으니까. 장담하는데, 록사나는 논리가 우습다고 여기지 않고 세라는 과학이 우습다고 보지 않아.

밥: 마법도 웃을 문제가 아니야.

록사나: 논리 증명 중에는 재미있는 것들이 있어.

자크: 너나 그렇지, 우리한테는 재미없어. 이번에는 나도 다수에 속하는 것 같군.

록사나: 진 쪽은 너야. 넌 지식과 권력에 대해 이야기하고 있었잖아. 네 수다 속에 어떤 정치적 의미가 들어 있지? 이거 농담하는 거 아니다.

자크: 자유와 관련되는 이야기지, 록사나. 그 모든 게 자유에 관한 문제야. 네가 콧방귀 뀌듯 수다라고 일축한 그 이야기는, 우리가 결코 선택하지 않았고 느끼지도 못하는 어떤 보이지 않는 구조가 강요하는 가치들의 소리 없는 지배로부터 우리를 해방하는 데 도움이 돼. 우리를 억누르는, 은폐된 사고의 통제에 경각심을 일깨워서, 우리로 하여금 그에 맞서 일어설 수 있게 해주지.

세라: 무엇의 이름으로 일어선다는 거야?

밥: 우리를 해방해서 뭘 하려고?

자크: 네가 원하는 건 뭐든 할 수 있지.

세라: 우리가 무얼 소중한 가치로 여기는가에 따라 원하는 것도 달라지지 않을까? 네가 우리를 과거의 가치로부터 해방시키면 우리에게는 어떤 가치가 남는 거지?

자크: 어떤 가치든 네가 선택하면 돼, 세라.

세라: 아무 가치도 갖고 있지 않은데 어떤 방법으로 가치를 선택하지? 아무거나 고르나?

자크: 세라, 난 도덕적 가치만을 이야기하는 게 아니야. 사고방식과 생활 형태와 세계관 전체를 말하는 거야.

세라: 그렇다면 상황이 더 나빠지지. 사고방식이 없는 사람이 무슨 수로 사고방식을 선택하나? 아무 생각 없이 선택한다고? 제멋대로 생각하는 것도 예전부터 하나의 사고방식이었지(그것도 정말 나쁜 사고방식).

밥: 사고방식이 없는 사람이라면 뇌사가 분명해.

세라: 자크, 네가 합리적 논의의 밑바탕에 깔린 숨은 가정에 대해 비판하면서 이야기하는 모든 주장들이 어떤 결과를 가져올지 깊이 생각해본 적 있어? 그 주장들은 실제로 합리적 논의의 권위를 무너뜨리고 있어.

자크: 그게 뭐 그렇게 두려운 일인데, 세라? 넌 다 큰 성인 여자고, 무얼 할지 말해주는 아빠가 더는 없어도 돼. 네가 '합리적 논의'라고 일컫는 대단한 중요 인물은 더더욱 말할 것도 없고.

세라: 이 얘기에서 우리 아빠는 빼줘. 나도 말 안 듣는 꼬마 운운

하며 간단하게 널 비난할 수 있어. 지나치게 방임하는 부모 밑에서 자란 버릇없는 아이라고 비난하는 거지. 무슨 짓을 해도 벌 받지 않을 거라 여기고 손님들에게 장난을 쳐서 깜짝 놀래주기 좋아하는 아이 말이야.

논점은 네가 합리적 논의의 권위를 무너뜨린다는 거야. 그로 인해 해방된 사람들은 자기 마음 깊이 자리 잡은 편견에 따라 행동하게 돼. 그런 편견들이 왜 정당한지 합리적 근거를 댈 필요도 없이 말이야. 이후에 그들이 정치적 차원에서 네가 받아들일 만한 행동을 보여줄 거라 가정하지 마. 그들이 자유롭게 부정과 잔혹행위를 선택한다면 넌 그 결과들을 좋아하지 않겠지. 어쩌면 벽에 세워져 총살을 당하는 첫 희생자가 네가 될지도 모르지.

자크: 혁명적 사상가는 그런 위험을 안고 살아가야 해, 세라.

밥: 난 예전에 이 년 동안 공동체 생활을 한 적이 있었어. 그들은 그곳이 해방공동체이며 어느 누구의 입장이든 좋은 것으로 인정된다고 했지. 지내다 보니 몇몇 우두머리가 생겨났어.

세라: 모두 남자였어?

밥: 대부분 남자였지. 다른 이들을 괴롭혔는데, 누굴 때리는 일은 없었지만 자신들 언변이 좋다고 확신했어. 속사포처럼 말을 쏟아냈지.

세라: 결정은 어떻게 이루어졌는데?

밥: 끝없이 회의를 했어. '자유롭고 열린 토론.' 만일 그들이 원

하는 것에 대해 반대 발언을 하면 그들은 녹초가 될 때까지 설득했지. 스스로 어리석었다고 느끼도록 만드는 거야. 공식적으로는 우리 모두 평등했어. 하지만 누가 위인지 다들 알 수 있었어. 그들은 제 마음에 드는 사람이면 누구든 잠자리를 함께했어. 상대 여자가 저항하면 반동적 편견에 사로잡힌 탓이라면서 그런 편견에서 해방되어야 한댔지. 더러는 내 눈에 강간처럼 보이는 일도 있었어. 누가 그들과 논쟁하려 들면 그 입장이 다른 사람 입장보다 더 훌륭하다고 가정하는 거라며 비난했어. 결국 난 그 해방이라는 것에 넌더리가 나서 그곳을 떠났지. 자크, 네 주장을 듣고 있으면 그들 생각이 나.

자크: 그건 너무 부당해, 밥.

록사나: 자크가 공정성의 가치에 호소를 다 하네.

자크: 밥은 공정성의 가치를 소중하게 여길 거라고 봐, 록사나.

밥: 맞아. 그런데 내가 공정하지 않았다는 의미로 그런 말을 하는 거야?

자크: 우선 나는 꿈에도 누군가를 강간할 생각을 한 적 없어.

록사나: 넌 꿈속보다 말짱히 깨어 있을 때 생각이 더 엉망이니 참 안됐다.

자크: 난 여자들을 깊이 존경해, 록사나! 내 페미니스트 친구 하나는 자기가 이제껏 만난 사람 중 내가 가장 급진적인 페미니스트라고 했어.

밥: 네가 강간범이라는 의미로 말한 게 아니었어, 자크. 네가 말하는 투를 듣고 있으니 그들이 말하던 투가 생각났지. 그뿐이야.

자크: 그들의 이론적 관점이 뭐였어, 밥?

밥: 늘 그런 것에 관해 논했지. 이론, 정치, 헤게모니, 해방, 그 비슷한 것들을 논했는데 난 거의 한 마디도 알아듣지 못했어.

세라: 들어보니 이론적으로는 무정부주의인 것 같고 실제로는 집단독재였던 것 같다.

자크: 난 무정부주의자가 아니야, 세라. 내 정치적 입장은 전혀 달라. 그보다 훨씬 복잡하고 다중적이지. 어쨌든 그 사람들이 자기네 정치적 입장을 무엇이라고 주장했든 네가 있던 공동체에서 벌어진 일로 그 정치적 입장을 판단할 수는 없어, 밥. 말하자면 경험을 근거로 이론을 검증하려는 것은 순진할 정도로 단세포적이라고 할 수 있지.

세라: 이론에서 예측하는 내용을 경험의 시험대에 올리는 일은 이론을 판단하는 과학적인 방법이야.

자크: 세라, 잊지 말아야 할 게 있어. 사람들은 자기 마음에 드는 행동이 합당해 보이도록 할 목적으로 실제로는 아무 관심도 없는 정치적 원칙을 채택하는 척하기도 해. 혹은 자기들의 이론적 입장에 내포된 함의를 잘못 이해할 수도 있고. 그도 아니면 이론에 적대감을 지닌 사람들의 간섭으로 실험이 실패할 수도 있고.

세라: 으음, 어떤 정치적 이론을 판단할 때 경험을 근거로 삼지

않는다면 그보다 나은 시험대는 뭐가 있지?

자크: 이론 자체를 엄격하게 분석할 수도 있어, 세라. 그 안에 어떤 내적 모순이 있는지, 그 이론이 사람들을 자유롭게 해주는지 등을 알아내는 거지. 그것은 합리성에 관해 '진실'이라는 외부적 기준을 적용하는 게 아니야. 단지 내부적 사항을 바탕으로 이론의 내용을 명확하게 규정해보는 거지.

세라: 좋아, 하지만 이론을 명확하게 규정한 다음 거기서 주장하는 내용이 진실인지 아닌지 어떻게 판단할 건데?

자크: 또 그 소리네, 세라! 너를 비롯해 나나 다른 사람들은 기본적으로 조력자라고 생각해. 우리는 사람들이 자신의 상황과 가정들을 분석할 수 있도록 지적 도구를 제공할 뿐이야. 그 도구로 무엇을 하는가는 그들에게 달려 있어.

밥: 알겠다. 넌 사람들에게 폭탄을 주는 거구나. 그 폭탄을 어디에 던질지는 그들이 알아서 할 테고.

록사나: 다행스럽게도 불발에 그치는 경우가 많더라.

자크: 폭탄에는 시한 기폭 장치가 있어, 록사나. 머잖아 터지지.

록사나: 그건 어디까지나 만든 사람 주장이고.

자크: 이런 방식의 이론 작업이 얼마나 큰 폭발력을 지니는지 넌 알지 못해, 록사나. 텔레비전 뉴스에서 접하는 대다수 내용과 비교해봐도 오늘날의 정치와 훨씬 더 큰 관련성을 지니고 심지어는 내일의 정치와도 훨씬 더 큰 관련성을 지니지.

> 우리는 사람들이 자신의 상황과 가정들을
> 분석할 수 있도록 지적 도구를 제공할 뿐이야.
> 그 도구로 무엇을 할지는 그들에게 달려 있어.

록사나: 정치와 관련성이 있다고 주장하는 것 자체가 정치적 무관련성을 보여주는 또 하나의 징후야.

자크: 넌 현재의 정치 구조를 생각하는 거구나, 록사나. 다음 선거에서 누가 얼마나 많은 표와 의석수를 차지하는가 등등의 문제 말이야. 지적 혁명은 시간이 훨씬 더 오래 걸리지만 궁극적으로는 훨씬 더 근본적이지.

세라: 과학의 입장에서 볼 때 정치는 증거를 대거나 합리적 논의를 하는 경우가 너무 적어, 결코 너무 많은 게 아니지. 네가 합리적 기준에 대한 존중을 무시하면, 자크, 설령 네 의도는 그렇지 않았더라도 그로 인해 생긴 혼돈이 하나의 연막이 되어 정치인들이 그 뒤에 숨거나 정확한 세부 조사를 회피하는 결과를 낳지. 내가 거짓을 말한 어떤 정치인을 비난했는데 그가 '거짓'은 위험한 단어라고 대답했다면 사람들이 그를 비웃어야 해. 그렇지 않고 그 대답을 존중하며 고개 끄덕이는 반응을 보인다면 우리는 곤경에 처하게 될 거야.

자크: 난 열려 있는 상대주의적 정부가 다스리는 나라에서 살고

싶어. 절대주의적 정부가 대단한 실적을 내세우는 것과는 다른 식이지.

세라: 어떤 상대주의자들 경우에는 오류가능주의자들과 똑같은 행동을 보인다고 네가 앞서 인정하지 않았나?

자크: 그랬어, 세라. 내가 다른 상대주의자들을 대표해서 말할 수는 없지만 내가 지지할 만한 상대주의적 정부라면 다른 문화와 다른 입장을 보다 많이 포용할 거야.

세라: 오류가능주의자들이 포용적 태도를 보이는 것과 마찬가지인 거지. 다른 사람들이 틀렸다고 박해하고 나서기 전에 자신이 정말 옳은지 확실하게 확인해야 해.

밥: 박해하는 걸 재미로 즐기는 사람들도 있어. 그런 사람들은 자기 생각이 옳다는 게 확실해지기 전까지 기다리지 않을걸.

록사나: 자크네 정부는 공공 영역에서 '진실'이나 '거짓' 같은 단어를 쓰지 못하게 할까? 학교에서는 써도 된다고 허용할까?

자크: 네 표현대로 하자면, 록사나, 우리 정부에서는 질문을 던지게 하겠지, 대답을 받아쓰게 하지 않고.

록사나: 질문을 던지는 것은 통치가 아니야. 너는 통치를 하려는 게 아니고 비판을 하려는 거야.

자크: 비판이 뭐가 문제인데, 록사나?

록사나: 네가 원하는 대로 뭐든 비판해도 좋아, 하지만 다른 누군가는 결정을 내릴 테니 놀라지는 마.

세라: 과학에서는 이론을 비판하는 게 필수적이야. 하지만 우선 이론을 수립해야 하지.

밥: 결국 다시 무너뜨릴 거라면 뭐하러 이론을 세워?

세라: 모든 이론이 무너지는 건 아니야. 진실도 있지. 혈액이 순환한다는 이론은 진실이야. 혈액은 순환하니까. 게다가 진실이 아닌 이론이라도 더러는 거의 진실에 가까워서 유용한 근사치가 될 수 있어. 아인슈타인이 뉴턴 물리학의 오류를 밝혀냈지만 우주 로켓을 설계할 때는 여전히 뉴턴을 이용하거든. 과학 이론을 반박하는 고발인도 있지만 다른 한편 과학 이론을 옹호하는 변호인도 있지. 그렇지 않으면 과학은 정당한 재판 없이 모두 유죄 판결을 받게 될 거야. 게다가 그중에는 무고한 경우도 있거든.

자크: '무고하다'는 건 순진하다는 뜻도 있어. 과학에서는 비판이 늘 부분적으로만 이루어져. 과학 자체가 가장 밑바탕에 깔고 있는 전제에 대해서는 의문을 제기하지 않아.

세라: 가령 어떤 거?

자크: 과학의 언어가 세계를 바라보는 투명한 매개가 될 수 있는가 하는 문제 같은 거.

밥: 자크가 지금 무슨 이야기를 하는 거야?

자크: 과학에서는 언어가 세계를 내다보는 창이라고 여기지.

밥: 그래? 창이 아닌 거야?

세라: 과학자들은 그저 과학만 하는 걸 더 좋아해. 세계를 설명

하기 위해 언어를 이용할 뿐 언어 자체에 대한 철학적 질문을 하는데 시간을 들이지 않지.

자크: 맞아, 세라. 그들은 자신이 당연하게 여기는 것에 대해 잠시라도 깊이 생각해보는 일 따위 없어.

세라: 정말로 과학에서 언어가 창이라고 전제하는지, 혹은 그렇게 전제하면 왜 나쁜지에 대해 넌 설명하지 않았어.

자크: 전제하고 있지 않다든가, 그렇게 전제하는 게 왜 괜찮은지에 대해서 너도 설명하지 않았지.

세라: 과학에서 말하는 모든 것에 대해 추가적인 증명을 내놓아야 한다면 과학은 시작도 할 수 없었을걸.

자크: 아마도 네가 상상하는 모습대로는 결코 과학이 출발할 수 없었겠지, 세라.

세라: 실제 현실에서의 과학은 이미 출발했어. 나로서는 설령 그것에 흠이 있더라도 있는 그대로 충분히 다 좋아.

자크: 세라, 그게 바로 내가 불만스럽게 여기는 보수주의야. 과학 활동이 어떻게 이루어지고 있는지에 대해 넌 문제를 제기하지 않아. 과학이 스스로를 어떻게 옹호하는지에 대해서도.

세라: 과학이 완벽하다는 말이 아니잖아. 다만 갖가지 질문들, 그 질문에 대한 질문들, 또 그 질문들에 대한 질문들…… 이렇게 끝없이 질문만 하기에는 인생이 너무 짧아. 어디쯤에서는 시작해야 한다고.

록사나: 자크의 의문 역시 선택적이야. 결국 그러한 방식으로 통치하기를 원하는 거야? 자기 마음에 들지 않는 것에는 의문을 제기하고 자기 마음에 드는 것에는 의문을 제기하지 않는 방식으로 말이야.

세라: 무서운 독재자라면 그렇게 국정을 운영해서 겉으로는 결코 독재가 아닌 것처럼 하면서 자기가 원하는 건 늘 얻을 거야. 굳이 드러나게 명령을 내리지 않아도 그 아래 겁먹은 수하들이 독재자가 의문을 제기하는 건 뭐든 파괴하겠지.

밥: 누가 자크를 무서워해?

자크: 이거 정말 고마운 일이군! 난 세라와 밥, 너희 둘을 중재하려다가 결국 양쪽한테 다 욕을 먹고 있어. 또 질문 몇 개 하다가 독재자가 되려 한다고 비난 받고 있고.

록사나: 더러는 중재자가 자기 나름의 의제를 갖기도 하지. 자크는 아무렇게나가 아니라 전략적으로 질문을 골랐어. 진실에 대해 물음을 던지면서 해방에 대해서는 물음을 던지지 않는 경우와, 해방에 대해 물음을 던지면서 진실에 대해서는 물음을 던지지 않는 경우는 서로 전혀 다른 효과를 지니지.

자크: 난 둘 모두에 대해 물음을 던지고 있어, 록사나.

록사나: 다른 사람에 비해 너는 한쪽 경향의 물음을 훨씬 긴급한 과제로 여기는 것 같은데.

세라: 자크가 무엇을 더 중요하게 여기든 간에 우리 서로가 의

견 차이를 덮기보단 더욱더 확실하게 드러내야 한다는 데 동의할 순 없을까?

자크: 세라. 의견 차이를 확실하게 드러내는 가장 효과적인 방법은 전쟁이야.

세라: 그런 뜻으로 한 말이 아니었어. 우리가 어느 점에서 의견을 달리 하는지 정확히 알기 위해 애매함이나 모호성을 제거하고 논점을 분명하고 확실하게 밝혀야 한다는 뜻이었어.

록사나: 외교에서는 애매함과 모호함을 이용해 모두가 동의할 수 있고 각각의 체면을 살릴 표현 형식의 구성 기술이 필요하지.

세라: 전쟁은 최후 수단이야. 유일한 대안이 그것밖에 없을 때 쓰는 거지. 하지만 우리는 1914년의 유럽 지도자들이 아니잖아. 일단 논점을 분명히 하고 나면 서로를 죽이는 일 없이도 문제를 풀어 나갈 수 있어. 우리 사이 의견 차이를 구별해내고 서로의 공통 기반을 확인한 뒤 이를 출발점으로 삼으면 합리적 논의를 통해 누가 옳고 누가 틀린지 알아갈 수 있지.

록사나: 때로는 모두가 틀린 경우도 있어.

세라: 그러니까 더더욱 논점을 분명히 해야지. 물론 완벽한 이론은 거의 없어. 내가 말한 대로 논의하다 보면 처음 시작할 때 나온 이론보다 훨씬 나은 이론이 새로 나오기도 해. 우리 각자가 갖고 있던 모든 이론이 그 최종 결과물에 기여하는 거지.

록사나: 어째서 해피엔드를 기대해? 합리적 논의를 통해 모든

차이를 해소하는 게 어떻게 가능하지?

세라: 우리가 어떤 물음에 대한 답을 놓고 서로 의견이 다르다고 해보자. 맨 먼저 우리가 가진 증거가 무엇인지 합의하는 거야. 이어서 우리 증거가 어떤 답을 지지하는지 알아본 다음 그에 대해 합의하는 거지.

록사나: 우리 증거가 어떤 답도 지지하지 않을 수도 있어.

세라: 그러면 증거를 더 모을 때까지 열린 태도로 불가지론에 합의하는 거지. 정말 운이 없으면 영원히 불가지론 입장으로 남아 있어야 할지도 몰라. 하지만 과학에서는 다른 답들을 제치고 하나의 답을 지지하는 쪽으로 증거가 쌓여가기 시작해.

록사나: 그 후로 모두 영원히 행복하게 살았답니다.

세라: 동화가 아니라 이상화한 거야.

밥: 뭐가 다른데?

세라: 과학자들은 늘 이상화해. 물리학자들은 계산 과정에서 행성을 질량을 가진 점으로 종종 취급하지. 그렇게 단순화한 모델이 없다면 수학은 너무 어려워서 컴퓨터로도 처리하기 힘들 거야. 그럼에도 계산 결과는 꽤 정확한 예측이 될 수 있어. 동화는 정확한 예측을 내놓지 않아.

록사나: 어떤 증거들이 확보되어 있는지에 관해 양측이 합의하지 못하면 어떻게 되지?

세라: 그건 쉬워. 증거에 포함할지 말지 합의 못한 것은 배제하

증거가 안 된다고 부정할 만한 타당한
이유가 있다고 양측 모두 동의하는 경우에만
그 증거를 부정할 수 있겠어.

면 돼. 합의된 증거만 이용하지.

밥: 검은 옷을 입은 여자가 마녀라는 걸 감지했다고 내가 말했
는데 넌 적절한 증거가 아니라고 반대만 했지. 네가 아무 근거를
내놓지 않아도 자동으로 배제되는 건가?

세라: '검은 옷을 입은 여자가 마녀라는 걸 감지했다고 밥이 말
했다'를 증거에 포함하는 데는 반대하지 않아. 우리 모두가 네 말
을 들었으니까. 하지만 난 '검은 옷을 입은 여자가 마녀라는 걸 밥
이 감지했다'를 증거에 포함하는 건 반대야. 네가 감지했다는 데
우리 모두 동의하지 않기 때문이지. 넌 그저 그녀가 마녀라고 생각
하는 거야.

밥: 마법에 대해 아는 다른 사람들이 여기 있었다면 분명 감지
했을 거야.

자크: 넌 다른 사람의 증거를 배제하는 데 전혀 거리낌이 없구
나, 세라. 다른 사람이 네 증거를 배제하면 너는 기분이 어떨까?

세라: 내 증거는 과학적으로 증명된 거야. 배제될 리가 없어.

자크: 인간이 지구 온난화를 가져왔다는 시각에 회의적인 사람

들은 네가 믿는 몇몇 증거에 반대할걸, 세라. 과학자들이 숫자를 조작했다고 주장할 수도 있고 아니면 아무 이유도 내놓지 않은 채 그 자리에서 바로 부정할 수도 있어. 네 말에 따르면 그런 건 증거에서 배제해야지. 합의된 게 아니니까.

록사나: 머지않아서 지구 온난화에 관한 증거가 하나도 남지 않겠군.

밥: 휴우, 이맘때 날씨 치고는 오늘 정말 덥다.

자크: 회의론자들은 그 말도 믿지 못할 거야, 밥.

세라: 좋아, 내가 너무 지나치게 이상화했어. 증거가 마음에 안 든다고 부정할 수는 없어. 증거를 부정하려면 타당한 이유를 대야 해.

록사나: 뭔가 생각해내서 그걸 타당한 이유라고 제시하기 쉬워.

세라: 그거로도 안 되겠네. 증거가 안 된다고 부정할 만한 타당한 이유가 있다고 양측 모두 동의하는 경우에만 그 증거를 부정할 수 있겠어.

밥: 그 여자가 마녀임을 내가 감지한 것이 증거가 안 된다고 부정할 타당한 이유가 있다는 데 동의 못해.

록사나: 세라가 새로 제시한 기준에 의하면 세라는 그것이 증거가 안 된다고 부정할 수 없어.

세라: 세상에나, 점점 이상한 방향으로 흐른다, 그렇지 않아? 반대편의 어떤 괴짜가 동의하지 않더라도, 증거가 안 된다고 부정할 타당한 이유가 있는 경우라면 증거가 안 된다고 부정할 수 있다고

해두는 게 낫겠어.

록사나: 그렇게 되면 증거에 대해 합의가 이루어지기 어려워.

세라: 이런 절차는 오직 합리적인 사람들에게만 통하는지도 모르겠다. 불합리한 사람들 경우는 어떻게 해야 할지 잘 모르겠어. 아마 교육을 해야 할까.

자크: 그들이 네 교육을 원치 않는다면, 세라? 그들을 세뇌하기 위해 감옥에라도 넣을 거야?

밥: 나는 합리적인 사람 축에 들어가나?

세라: 마법 문제에서는 그렇지 않고, 정원 가꾸기 문제에서는 그렇지.

록사나: 합리적인 사람이라면 증거에 대해 합의할 거라고 어떻게 기대할 수 있어?

세라: 두 사람이 함께 인정할 증거에 대해 합의할 수 없다면, 적어도 그중 한쪽은 불합리한 태도를 보인다는 거지.

록사나: 어느 쪽?

자크: 물론 세라에게 동의하지 않는 쪽이지, 록사나.

세라: 내 생각엔 너희 모두 약간 불공평한 것 같아. 나는 합의에 도달하기 위한 합리적인 과정의 이상적 모델을 내놓았을 뿐이야. 그 과정이 옳다고 기꺼이 인정한 거고. 물론 현실은 그에 비해 산뜻하게 정리되지 않겠지. 하지만 대략 모델과 비슷한 수준으로라도 논의 과정을 그런 대로 이끌어갈 수 있다면 그건 여전히 가치

있는 발전이야.

자크: 세라, 네 말대로라면 어떻게 발전을 '조금이라도 이끌어 낼' 수 있지? 어떻게 사람들이 네가 말하는 모델과 멀어지지 않고 그런 방향으로 나아가도록 만들어? 발전을 지켜가려면 군중을 통제할 무력이 필요하진 않을까? 인정할 수 없는 방향으로 나아가려는 사람들에게 몽둥이를 휘두르게 될 거야.

세라: 내가 말한 성향은 인간이 선천적으로 타고나는 게 아니며 합리적 논의란 우리에게 아주 낯선 일이라는 듯 말하는구나. 정말 그렇다면 내 모델은 가망이 없지. 하지만 난 그다지 비관주의자가 아니야. 인간 집단이 어떤 현실적인 실제 문제를 풀어야 하는 상황에 놓이면, 대개는 합리적으로 그 문제를 논의하고 현명한 해결책을 합의해.

자크: 네가 명확한 해결책이라고 볼 만한 게 있는데도 종교적, 도덕적, 마법적 금기 때문에 그런 해결책을 금하는 경우는 어떻게 해, 세라? 그런 경우, 특히 다른 사람들이 종교적, 도덕적, 마법적 입장을 거부하는 경우에는 상황이 격렬해질 수 있어.

세라: 사람들이 보다 나은 교육을 받는다면 애초부터 그런 종교적, 도덕적, 마법적 편견을 갖진 않을 거야.

자크: 누가 너를 교육부 장관에 임명할까, 세라?

세라: 정치가는 정말 되고 싶지 않아.

자크: 그렇다면 다른 누군가를 교육부 장관에 앉힐 수도 없지.

권력에 관여하지 않으면서 원하는 걸 얻겠다고 기대할 수는 없어.

록사나: 리어 왕이 깨달은 바야.

세라: 으음. 투표권이 있어. 내 표 하나만으로는 많은 변화를 만들어내지 못하니까 안타깝긴 하지. 다른 사람들 생각도 나와 같기를 희망하는 수밖에.

밥: 다른 사람들이 그렇게 할까?

세라: 내가 바라는 수준에 비해서는 턱없이 수가 적지, 휴우.

밥: 조금은 위안이 될지 모르겠지만 교육부 장관이 보통 사람들 생각을 통제하지는 못해.

자크: 왜 그런 소리를 하는 거야, 밥? 많은 국가에서 교육부 장관은 학교 교과서에 무슨 내용을 담을지 관리한다고.

밥: 학교 다닐 때 내 문제는 교과서에 담긴 내용이 내 머릿속엔 담기지 않는다는 거였어. 설령 머릿속에 들어가도 오래가질 못해.

세라: 확신컨대 마법에 대한 네 믿음이 학교 교육에서 생긴 건 아닐 거야. 어디서 생겼어, 밥?

밥: 꼬마일 때 할머니가 날 종종 보살펴주었어. 할머니는 늘 마법에 관한 이야기를 했지. 이웃 중 한 사람이 마녀라고 생각했거든. 할머니 생각이 옳았을 거야. 그 이웃 사람 집 앞을 혼자 걸어갈 때면 정말 무서웠어. 이따금 그 여자가 창문 밖으로 날 바라보는 걸 감지하기도 했지. 그후 십대 시절에는 마법을 진지하게 생각하지 않았어. 그러다 나이가 들면서 다시 마법에 대해 생각하기 시작

했지. 마법에 대해 생각하면 할수록 더 많이 이해할 수 있었어. 마법을 경험한 다른 사람들도 만났지. 마법 말고 다른 걸로는 설명되지 않는 많은 일이 일어나고 있어. 내 삶 전체가 마법을 뒷받침하는 증거라 할 정도야.

세라: 정말 비과학적인 태도다!

록사나: 밥은 다른 이론에 비해 마법이 그의 증거를 훨씬 잘 설명해주기 때문에 마법을 받아들이는 거야. 가장 타당한 설명에 도달하기 위해 추론을 하는 거지. 그게 비과학적인 방법이라고?

세라: 물론 가장 타당한 설명에 이르기 위한 추론은 과학적 방법이야. 하지만 밥은 구제불능일 정도로 추론을 잘못 적용하고 있어. 마법은 그가 가진 자료에 대한 가장 타당한 설명이 아니야. 하지만, 밥, 내가 생각을 바꾸지 못하리라는 거 알아.

밥: 나도 마법에 관한 너의 생각을 바꾸지 못하리라는 거 알아, 세라.

세라: 증거가 마법을 뒷받침한다면 난 기꺼이 마법을 받아들일 거야. 그게 과학적 태도니까.

밥: 네게 어떤 경험을 제공하든 그 경험이 네 생각을 바꾸진 못할 거야. 내가 빗자루를 타고 하늘을 나는 마녀를 보았다고 말하면 넌 내가 거짓말을 한다거나, 기억이 잘못 되었다거나, 잘못 해석한 거라고 비난하겠지.

세라: 으음, 넌 그런 말을 하고 싶겠지.

밥: 넌 내가 빗자루를 타고 다니는 마녀를 본 적이 있는지 물어보려는 수고조차 하지 않는군.

세라: 본 적 있어?

밥: 아니, 하지만 내 친구의 친구가 봤어. 그는 정직하기로 유명하지.

세라: 솔직한 친구인지는 몰라도 진실을 말하는 사람은 아니네.

자크: 처음에 날 소개할 때 말했듯이 그게 바로 세라와 밥, 너희 둘이 놓여 있는 변증법적 교착상태야. 둘 중 어느 쪽도 상대의 생각을 바꾸지 못해. 그래서 너희에게는 평화적 공존을 위한 새로운 태도가 필요한 거야.

밥: 무슨 새로운 태도?

자크: 밥, 우선 너희 각자 상대 입장에서는 그 생각이 옳다는 걸 인정해야 해.

세라: 그 얘긴 전에도 들었어. 상대는 자기가 옳다고 생각한다는 걸 인정하라는 거잖아. 네 도움 없이도 나는 밥이 자기가 옳다고 생각한다는 걸 깨달았고 밥도 내가 옳다고 생각한다는 걸 깨달았어.

자크: 그거 말고도 더 있어, 세라. 너희 둘 다 각각 자기 방식으로 세상을 이해할 수 있다는 데 동의해야 해.

세라: 그럴 수 없어! 밥은 세상을 이해하지 못해. 누군가 그의 생각을 세세하게 살펴본다면, 그 생각으로는 아무것도 올바르게 설명

하지 못한다는 걸 알 거야. 밥의 생각은 진지한 예측을 낳지 못해. 밥이 살아가면서 꿰맞춰놓은 이런저런 잡동사니밖에 없다고.

밥: 그렇지 않아! 난 과학자들처럼 네 앞에 등식을 내놓지 못할 뿐이야. 학교 다닐 때 한 번도 수학을 잘해 본 적이 없거든. 마법이 어떻게 작동하는지 나보다 훨씬 똑똑한 사람들이 연구하고 있어. 보다 실력 있는 마녀들은 알고 있지.

자크: 밥의 입장에서 볼 때에는 마법이 세상을 설명해주고, 세라의 입장에서 볼 때에는 과학이 세상을 설명해주는 거야.

세라: 그 말은, 밥은 마법이 세상을 설명해준다고 생각하고 나는 현대 과학이 세상을 설명해준다고 생각한다는 얘기에 불과해. 우리는 네 도움 없이도 그 점을 깨달았다고.

록사나: 밥과 세라의 믿음이 양립할 수 없기 때문에 갈등이 생기는 거야. 자크의 조언에 따르든 그렇지 않든 추가적인 믿음이 생겨도 원래 있던 양립 불가능성은 여전히 남겠지. 그걸 무너뜨리는 길은 밥 혹은 세라, 아니면 둘 모두에게서 각자의 믿음을 없애는 거지.

밥: 마법에 대한 내 믿음 중 아무것도 빼앗지 못해.

세라: 과학과 관련된 내 믿음 중 아무것도 포기하지 않아.

자크: 너희 믿음 중 뭔가를 포기하라는 게 아니야. 둘의 입장을 무너뜨리려는 게 아니라 존중하려는 거라고.

세라: 내 믿음에 대해 독단적 태도를 보이진 않았어.

밥: 그건 네 생각이지.

세라: 증거가 정당성을 뒷받침하면 내 믿음을 수정할 거야. 하지만 내 생각을 바꾸는 데, 자크, 너의 그 웃긴 이론들은 필요 없어.

자크: 세라, 나의 '웃긴 이론들'이 아니라면 대체 어떤 논의 틀 속에서 너와 밥이 서로 주먹을 휘두르지 않고 마법을 논할 수 있지?

밥: 난 여자는 안 때려.

세라: 과학은 폭력이 아니라 합리적 방법을 이용해.

자크: 너희가 진짜로 주먹을 휘두른다는 의미가 아니잖아. 상대 입장을 배제하는 것 자체가 폭력의 한 형태고 그것도 가장 은밀한 형태의 폭력이야.

세라: 네가 처음 우리 논쟁에 끼어들었을 때 우리는 그보다 3분 전쯤 이미 서로 의견이 다르다는 데 의견 일치를 본 상태였어. 넌 그보다 나은 결과로 뭘 내놓을 건데?

록사나: 자크는 너희에게 다른 논쟁거리를 제공했고 함께 논쟁할 다른 사람도 제공했지.

세라: 그 점은 고마워, 자크! 난 흥미로운 논쟁을 좋아해. 모두 의견이 같은 세상은 싫어. 그건 너무 지겹거든!

밥: 난 아무래도 상관없어.

자크: 적어도 난 네게 경고의 의견을 내놨지. 진실과 거짓, 옳고 그름의 관점에서 생각하면 편협함이라는 위험이 따를지 모른다고.

세라: 네 경고를 통해 알게 된 게 있지. 그러한 관점에서 생각하지 않으려 하면 이중적 사고의 위험에 빠질 수 있다는 거.

밥: 난 록사나한테 얻은 게 있는 거 같아. 그러한 관점들을 이용하는 논리적 방법이 상식이며 신중하게 다루어야 한다는 거.

세라: 내 생각만큼 오류가능주의가 간단하지 않다는 것도 발견했어. 오류가능성이 있다는 것과 안다는 것, 이 두 판단을 번갈아가며 구사할 때 그러니까 저글링에 비유하자면 둘 모두를 오랫동안 공중에서 갖고 놀기란 어려워. 하지만 우리는 이 두 판단을 번갈아가며 잘 사용해야 해.

밥: 자크에게 이 말은 해야겠어. 과학자들이 안 그런 척해도 과학이 정치와 그다지 다르지 않다는 내 의심을 자크가 확인시켜줬어. 지식은 모두 권력과 얽혀 있지. 그렇다고 지식이 권력보다 더 대단하다는 의미는 아니야.

자크: 으음, 밥, 그래도 넌 내 얘기에서 뭔가를 얻었구나. 하지만 너와 세라는 마법을 둘러싼 처음의 교착상태를 아직 해결하지 못했어. 내가 출구를 제시했지만 둘 다 거절했지.

록사나: 성공적인 결과를 이끌어내지 못했으니까. 두 사람은 의견 일치를 볼 수 없어. 겉으로 의견이 일치한 척해봐야 소용없지.

세라: 우린 의견이 달라도 잘 지낼 수 있어.

밥: 난 우리 의견이 같으면 좋겠어.

자크: 록사나, 넌 이 교착상태를 어떻게 바라보니?

록사나: 마법은 통하거나 아니면 통하지 않아. 그 점에 관한 한 밥이 옳고 세라가 틀리거나 아니면 세라가 옳고 밥이 틀린 거지. 어느 쪽이든 상관없이 나는 둘 중 어느 쪽이 옳은지 알아. 다만 전문 지식이 없는 사람들끼리의 토론이 어떤 혼란상을 보이는가에 대한 교훈적 사례로서 그들 논쟁에 귀 기울일 뿐이야. 격식을 차리지 않는 논쟁의 일반적 규칙에서 볼 때, 어느 쪽도 결정적인 우세를 보이진 않았어.

자크: 너도 알고 있어? 내가 그 말을 했던 거라고, 록사나.

록사나: 자크, 넌 자신의 의견을 주장할 때나 옹호하려 애쓸 때 이들 두 사람보다도 훨씬 못했어. 네 입장을 계속 바꾸면서도 그걸 인정하지 않았잖아.

자크: 그걸 유연성이라고 하는 거야, 록사나.

록사나: 아니, 그건 '진흙탕'이라고 하는 거야. 어쨌든 격식을 차리지 않는 논쟁의 일반적인 규칙에 따르면, 평균적 지성을 지닌 결연한 선수가 상대 주장에 계속 의문을 제기함으로써 끝까지 패배하지 않은 상태로 남을 수 있지. 그건 흥미로운 검증이 아니야.

자크: 그럼 흥미로운 검증은 어떤 건데, 록사나?

록사나: 순수 논리나 수학이 아닌 영역에서는 흥미로운 검증 과정의 심판을 보기가 힘들어. 어떤 이론이 증거를 가장 잘 설명하는가 하는 것도 흥미로운 검증이라고 할 수 있지. 밥과 세라는 비록 원시적 방식이긴 해도 그런 검증을 적용하려고 시도했고 서로 대립되는 결과를 얻었어.

자크: 록사나, 네 말은 둘이 비겼다는 거네.

록사나: 그게 아니야. 내 말은 훌륭한 심판이 있어야 누가 이겼는지 결정할 수 있다는 거야. 어느 쪽을 승자로 선언하든 상대편은 심판이 편견을 갖고 있다고 비난할걸. 자크는 양쪽 모두의 호감을 얻고 싶어 하며 그래서 심지어는 마음속으로도 어느 한쪽을 승자로 선언하기를 겁내. 그 결과 양쪽 모두 그를 좋아하지 않고, 양쪽 모두 그를 자기편으로 여기지 않아.

세라: 난 널 싫어하지 않아, 자크.

밥: 나도.

자크: 둘 다 비겼어. 적어도 세라와 밥, 너희 둘은 어느 쪽도 내가 이 말을 했다고 미워하진 않겠지. 넌 어때, 록사나? 결과가 어떤지 선언할 거야?

록사나: 아니, 자크처럼 나도 어느 쪽이 승자인지 선언하지 않을 거야. 하지만 자크처럼 둘 다 비긴 것으로 선언하지도 않겠어.

자크: 왜 안 하는데, 록사나?

록사나: 둘의 수행평가 점수가 같지는 않아. 하지만 둘 다 별로 잘하지 못했지. 어느 쪽이 더 못했는지 평가하고 싶은 마음은 없어. 설명을 비교하는 기준이 애매하고 뒤죽박죽이었을 뿐만 아니라 정확히 어떤 증거를 설명할지도 뚜렷하지 않았어. 난 보다 정확하게 규정된 문제를 해결하는 편이 더 좋아.

자크: 사람들이 널 좋아하는지 어떤지는 전혀 신경 쓰지 않는 거야, 록사나?

록사나: 응. 만일 신경을 썼다면 너처럼 혼란스러웠겠지. 심지어 나는 스스로를 좋아하는지 어떤지도 신경 쓰지 않아. 순수하게 논리적인 입장을 취하는 걸 더 좋아해.

세라: 밥, 네가 정신 나간 반과학적 생각을 갖고 있어도 널 좋아하지 않을 수가 없어.

밥: 네가 인습적인 과학을 편협하게 숭배해도, 세라, 널 좋아하지 않을 수가 없어.

자크: 멋지다, 밥과 세라. 내가 빠져 있을 거라고 생각하지 말아줘. 나 아직 안 끝났거든.

내가 옳고, 네가 틀려!

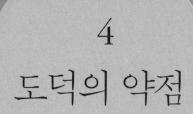

4

도덕의 약점

내 신념이 좋으니, 네 신념도 나쁘지 않다.

선과 악은 누가 판단하는가?

세라: 방금 저 여자 봤어? 야한 분홍색 옷 입은 여자. 자기 애가 소리 지른다고 때렸어, 그것도 아주 세게. 한마디 해야겠다. 봐! 또 때리잖아.

밥: 우리 엄마도 내가 너무 말을 안 들으면 종종 때렸지. 그래도 아무 해가 없었어. 차갑게 조용히 화낼 때보다 오히려 날 때릴 때 가 더 좋았는걸.

자크: 시대가 변했어, 밥.

세라: 아이에게 폭력을 쓰다니 잔인한 짓이야. 사회복지과에서 개입해야 해.

밥: 아이를 위탁 시설에 데려간다고?

세라: 필요하다면 그래야지.

밥: 엄마랑 살면서 몇 대 맞는 것보다 그게 훨씬 안 좋을 거야.

세라: 넌 그런 일이 장기적으로 어떤 영향을 미치는지 모르는구 나. 그 아이는 평생 고통받을 수도 있어.

밥: 나처럼 된다고 말하고 싶은 거야?

세라: 엄마가 학대하지 않았다면 네가 터무니없는 미신에서 위안을 찾는 일은 없었을 거야.

밥: 학대가 아니었어, 그냥 좀 때린 거지.

세라: 때리는 게 학대야, 밥. 지금 이 자리에서 내가 널 때린다면, 사실 네게 분별력을 찾아주기 위해서라도 그래야 하는 건 아닌가 싶지만, 어쨌든 그런다면 난 폭행죄로 기소될 수 있어. 방어 능력이 없는 아이는 최소한 어른들이 법의 보호를 받는 만큼은 보호받을 자격이 있어. 특히 아이를 때리는 사람이 다른 누구도 아니고 정작 아이를 보호해야 할 사람일 경우에는 더 그렇지.

밥: 여전히 넌 모든 것에 대해 과학적이어야 한다는 그 타령이구나. 그렇다면 구타와 관련해서 네 생각을 뒷받침해줄 과학적 증거는 뭔데?

세라: 아이를 때리면 장기적으로 악영향을 미친다는 통계적 증거가 아주 많을 거라고 확신해.

밥: 그럴 거라고 확신할 뿐 실제로 아는 것은 없다는 얘기네. 어쨌든 부모는 자기들이 적합하다고 여기는 방식대로 아이를 키울 권리가 있어. 자기 아이에게 무엇이 필요한지 부모가 가장 잘 알지.

세라: 항상 그런 건 아니야. 일단 저 여자는 아니지. 어떤 부모는 아이를 죽이기도 해. 아이에게 무엇이 필요한지 가장 잘 아는 게 그런 건가?

밥: 아이를 죽이는 건 아이를 기르는 게 아니잖아. 아무튼 제정신 아닌 부모들 얘기가 아니었어. 정상적인 부모를 말했던 거라고. 저쪽 여자는 미치지 않았어. 다만 징징거리는 버릇없는 아이를 하루 종일 돌보다보니 그저 지치고 넌더리가 났을 뿐이야. 정상적인 부모는 자기가 적합하다고 여기는 방식대로 아이를 기를 권리가 있어.

세라: 그들의 방식이 아이에게 해를 끼친다고 과학적으로 증명되었는데도?

밥: 저 아이를 어떻게 보살펴야 할지 판단하는 건 몇몇 과학자들의 권리가 아니야. 그건 저 애 엄마의 권리라고. 과학적 충고에 따라 아이를 기를지 말지 하는 결정은 그녀에게 달렸다고. 때로는 뺨을 때리는 낡은 방식만이 아이에게 필요한 때도 있지.

세라: 과학적 충고에서 뭐라고 하는지 저 여자는 전혀 알지 못할 거야.

밥: 으음, 네가 그 일에 대해 정말 화가 난다면 저 여자한테 가서 말해.

세라: 그러려고 해. 누군가는 행동에 나서야 한다고.

자크: 그게 현명한 일이라고 확신하니, 세라? …… 저런, 한 발 늦었군.

밥: 세라가 내 말을 진지하게 받아들일 줄은 몰랐어. 정말 말과 행동이 일치하는군. 행동하는 여자 세라. 세라가 지금 그 여자에게

말을 걸고 있어. 너무 시끄러워서 둘이 무슨 얘길 하는지 안 들려. 넌 들리니, 자크?

자크: 안 들려, 밥. 아무래도 넌 세라를 도발할 만한 문제에 대해선 보다 신중해야겠다. 무슨 일이 일어나고 있는지 모르겠어. ……아, 세라가 온다. 그 여자가 뭐라고 했니, 세라?

세라: 그 여자 말을 반도 못 알아들었어. 죄다 욕설이라 내 입으로 다시 옮기고 싶지도 않아.

밥: 아이는 아무 말 안 했어?

세라: 아이가 다시 소리를 지르기 시작했지. 그러자 그 여자는 내가 아이를 화나게 했다면서 날 경찰에 고발하겠다고 위협했고. 그 말은 알아듣겠더라. 얘기를 이어가는 게 아무 의미가 없었어.

밥: 애초에 시작하는 게 아무 의미가 없었어.

세라: 모든 정황을 볼 때 내 의심은 확신으로 더욱 굳어지기만 해. 저 아이는 위탁 시설에 맡겨야 해.

밥: 과학에서 그러라고 하는 거야, 아니면 너한테 욕한 그녀에게 단지 화풀이를 하는 거야?

세라: 네 말이 맞아. 객관성을 잃지 않도록 조심해야지. 하지만 그녀한테 가서 말을 걸기 전에도 난 아이를 때리는 데 반대했어.

밥: 법에서 뭐라든 그녀는 자기 아이를 때릴 도덕적 권리가 있어. 네가 믿는 과학에서도 아니라곤 증명하지 못할 거야.

세라: 부모의 폭력이 아이 건강과 행복에 미치는 장기적인 악영

도덕 이론을 선택한다는 건 가치 판단을 의미해. 과학은 그렇지 않지. 도덕을 선택하는 일은 궁극적으로 개인적 선호의 문제일 뿐이야.

향은 증명할 수 있지.

밥: 난 엄마의 권리에 대해 말하는 거라고. 그녀는 자기 판단에 따라 아이를 기를 권리가 있어.

세라: 그녀의 판단이 심각한 무지와 어리석음을 드러내는 경우라면 다르지.

밥: 그녀는 아이를 때릴 권리가 있다고!

세라: 네가 틀렸어, 그녀는 그럴 권리가 없어!

자크: 밥, 세라, 내가 끼어들었던 게 이쯤이었지. 너희는 다시 교착상태에 빠졌어.

록사나: 세라가 믿는 과학에서는 도덕적 권리에 대해 뭐라고 이야기해?

세라: 으음, '도덕적 권리'는 과학적인 용어가 아니야. 측정할 수가 없으니까. 하지만 건강이나 심지어는 행복도 측정 가능하지. 그런 것들에 관해 이야기하는 편이 훨씬 과학적이지.

밥: 주제를 돌리지 마. 난 엄마의 도덕적 권리에 관해 이야기하는 거라고.

세라: 그런 감정적인 용어로는 한 걸음도 내딛을 수 없어. 자녀 양육 논의에서 한 걸음 나아가려면 보다 사실에 입각한 어휘를 사용해야 해.

밥: 아이를 때릴 도덕적 권리가 엄마에게 있다는 건 사실이야.

세라: 도덕적 권리는 사실이 아니야, 의견이지. 사실이란 과학적으로 측정될 수 있는 성질의 것이지.

록사나: 과학자들은 측정을 모두 끝낸 뒤 우리가 어떻게 해야 하는지의 문제를 어떻게 결정해?

세라: 실현 가능한 건강과 행복을 극대화할 수 있는 의견을 추천해.

록사나: 실현 가능한 건강과 행복을 극대화해야 한다는 도덕 이론을 상정하는 거야?

세라: 그럼 대안이 뭔데?

록사나: 대안이야 많고 많지.

자크: 세라, 도덕 이론에서 극대화해야 할 목표라 할 만한 게 건강과 행복만 있는 것은 아니야. 기쁨의 총량에서 고통의 총량을 빼고 난 나머지 전체를 극대화해야 한다고 말하는 사람도 있어.

세라: 결국 같은 얘기 아니야?

자크: 꼭 그렇지는 않아, 세라. 먹고 나면 십 초 동안 상상할 수 없을 만큼 강렬한 기쁨을 느꼈다가 곧바로 죽는 알약을 사람들에게 먹이는 경우, 기쁨의 총량에서 고통의 총량을 뺀 나머지를 극대

화할 수 있어. 섹스처럼 자꾸 강렬한 것만 찾게 되는 거지. 하지만 그런 알약은 건강한 메뉴라고 할 수 없어.

세라: 그런 부작용은 안 되지. 그런 건 내가 말하는 행복에 들어가지도 않아. 난 보다 장기적인 걸 염두에 두었다고.

밥: 그게 뭐든 극대화에 대해서는 난 모르겠고. 엄마가 적합하다고 여기는 방식대로 아이를 키울 권리와 그게 무슨 상관이야?

자크: 세라가 말한 과학자들의 도덕 이론은 과학적이지 않아.

세라: 충분히 명확하게 생각하고 한 말은 아니었어. 도덕 이론을 선택한다는 건 가치 판단을 의미하고 과학에서는 가치 판단을 하지 않으니까. 도덕을 선택하는 일은 궁극적으로 개인적 선호의 문제일 뿐이야.

록사나: 네 침실 벽지 색깔을 고르는 문제와 같다고?

세라: 으음, 침실 벽지 색깔을 고르는 문제에 비해 내가 선택한 도덕은 훨씬 많은 사람에게 영향을 미치지.

밥: 내 선호의 문제일 뿐이니 내 자신의 도덕을 선택해도 된다고?

세라: 넌 네 도덕을 선택하고 난 내 도덕을 선택하는 거지. 하지만 내 도덕은 네 도덕이 미칠 몇 가지 영향을 막아야 한다고 말하네. 아이들을 때리는 부모를 방치해서는 안 된다고.

밥: 네 도덕으로 내 도덕을 막겠다는 건 결국 네 도덕이 옳고 내 도덕은 잘못되었다는 말이잖아?

세라: 네 선호에 비쳐보면 네 도덕이 옳고 내 선호에 비쳐 보면 내 도덕이 옳지. 절대적인 진실이거나 절대적으로 잘못된 도덕은 없어.

자크: 그렇다면 결국 넌 상대주의자야, 세라. 네가 언젠가는 이해하게 될 줄 알았어.

록사나: 병에 걸린다고 병을 이해하는 건 아니야.

세라: 난 자크와 달라(자크가 네 비유를 좋아하지 않는 것 못지않게 나도 네 비유가 마음에 안 들어, 록사나). 과학에 관한 한 난 상대주의자가 아니야. 과학 이론 중에는 절대적으로 옳은 것도 있고 절대적으로 틀린 것도 있어. 과학적 방법을 통해 어떤 것이 그런지 알아내지. 하지만 그러한 방법이 도덕 가치에는 적용되지 않아. 도덕 가치를 관찰하거나 측정할 수는 없어. 도덕 가치는 고안된 특질이지 발견된 물량이 아니야. 그래서 나는 도덕에 관해서는 상대주의자야, 도덕 상대주의자.

밥: 네 바뀐 생각이 이해가 안 돼. 아까 듣기로는 너와 록사나가 자크의 상대주의에 대해 허점투성이라고 비판했어. 네 새로운 도덕 상대주의에도 똑같은 허점이 있는 건가?

세라: 정당한 질문이야. 하지만 결정적 차이가 있지. 자크는 모든 것에 관해 상대주의자가 되려 해. 그렇기 때문에 우리는 그를 꼼짝 못하게 벽에 붙잡아 놓아도 확실한 답을 얻지 못하지.

자크: 내가 무슨 나비 표본이라고 벽에 붙잡아 놓냐, 세라.

록사나: 살아 있는 나비랄까. 나비의 마음을 가진.

세라: 자크는 무슨 말을 하더라도 자기 입장을 상대화했어. 심지어는 자신의 상대주의에 대해서도 상대주의적 태도를 취해야 했지. 그래서 결국 곤란한 처지에 놓였고.

자크: 난 곤란한 적 없어, 세라.

록사나: 그게 바로 네가 놓인 곤란한 처지야.

세라: 나의 도덕 상대주의는 오로지 도덕적 믿음, 즉 우리가 무엇을 해야 하는가에 대한 믿음에만 해당돼. 도덕 상대주의에서는 네게 무엇을 해야 한다고 말하지 않아. 그러니 나는 도덕 상대주의에 대해서 상대주의적 태도를 취하지 않아도 돼. 도덕 상대주의는 내게만 옳은 게 아니라 절대적으로 옳아. 누가 어떤 생각을 하든 옳지. 자크의 상대주의와는 달리 적용 범위가 제한되어서 논리적 방어력도 충분히 지니지.

자크: '제한'이라, 좋은 말이군.

록사나: 세라는 생각이 바뀌었는데, 지금도 여전히 건강과 행복을 극대화하는 것이 우리가 해야 할 일이라고 주장하는 건가?

세라: 물론이야. 우리 대화가 진행되는 동안 내 도덕이 바뀐 건 아니야. 난 여전히 아이를 때리는 게 나쁘다고 강력히 비판해. 다만 도덕과 과학이 얼마나 다른지 스스로 일깨워야 했을 뿐이야.

록사나: 그럼 지금도 건강과 행복이 과학적으로 측정 가능하다고 생각하는 거니?

세라: 물론이지, 대체적으로는.

록사나: 그래서 네 도덕 이론이 극대화해야 한다고 말하는 양은 과학적으로 측정될 수 있고.

세라: 맞아. 바로 그 점이 내 도덕 이론이 지닌 장점 중 하나지.

록사나: 그렇다면 도덕적 특성을 측정할 수 없다고 했던 이유는 뭐야?

세라: 아아, 무슨 말을 하려는지 알겠다. 내 말은 그 특성에 대한 측정 결과가 내 도덕 이론에 따라 상대적이라는 거야.

록사나: 극대화해야 하는 목표에 대한 측정의 정확성이 네 이론에 달려 있다는 말이야?

세라: 그런 셈이지.

록사나: 모든 과학이 그래. 일반 온도계로 온도를 측정할 때, 그 정확성 문제는 수은의 작용에 관한 이론에 달려 있어. 수은에 관한 이론을 받아들이면 온도계로 온도를 측정할 수 있다고 인정하지.

세라: 내 주장을 옹호하자면, 난 우리가 해야 하는 목표를 측정할 수 있다고 생각해. 다만 내 관점에 따라 상대적인 거지.

자크: 잘한다, 세라!

세라: 네가 지지하면 내 확신이 흔들릴지도 몰라.

록사나: 전에 넌 도덕적 특성을 측정할 수 없다는 근거를 바탕으로 도덕 상대주의를 주장했지. 근데 이젠 도덕적 특성을 측정할 수 있다고 말하면서도 여전히 네 도덕 상대주의를 주장하네.

세라: 설명을 잘할 수 있으려나. 차이를 설명해보면, 과학적 문제에 대한 대답에는 합의를 이룰 수 있지만 도덕적 문제에 대해서는 그럴 수 없다는 거야. 아이를 때리는 행동의 도덕에 관해 밥과 내가 교착상태에 빠진 걸 너도 보았잖아.

자크: 세라, 난 밥의 집 담장이 무너진 원인을 놓고 너와 밥이 교착상태에 빠진 것도 보았어. 그건 네가 말하는 의미에서도 과학적 문제잖아, 도덕적 문제가 아니고.

세라: 그때에는 밥이 마법에 관해 불합리한 주장을 했던 거고.

록사나: 그런데 이번에는 밥이 아이를 때리는 행동에 대해 합리적인 주장을 하는 건가?

세라: 아니, 그 문제에서 밥은 완전히 불합리해! 내 입장에서 보았을 때 말이야. 그런데 그의 입장에서 보았을 때 그는 아이를 때리는 행동에 관해 완전히 합리적이지.

밥: 전적으로 옳아.

록사나: 밥의 입장에서 보았을 때 그는 마법에 관해서도 완전히 합리적이었어.

밥: 그 말도 전적으로 옳아.

세라: 네 입장에서 보면 그렇겠지. 하지만 마법의 경우 네 입장은 완전히 틀렸어. 아이를 때리는 일의 경우는 견해의 문제라고 할 수 있지.

록사나: 넌 차이가 있다는 것을 논증해야 하는데 그걸 가정으로

차이를 설명해보면, 과학적 문제에 대한
대답에는 합의를 이룰 수 있지만, 도덕적
문제에 대해서는 그럴 수 없다는 거야.

깔고 있어.

세라: **봐봐**, 비록 아주 정확하기는 힘들더라도 과학적 주장은 도덕적 주장과 달리 검사할 수 있다고 모두들 확실하게 여기지 않나?

자크: 나한테는 확실하지 않아, 세라. 모든 검사는 입장에 따라 달라져.

세라: 으음, 나한테는 둘의 차이가 분명해, 자크. 따라서 나는 과학적 주장에 대해서는 진실 혹은 거짓을 규정하고, 도덕적 주장에 대해서는 진실 혹은 거짓을 규정하지 않아.

록사나: 그런데 넌 지금 도덕적 주장을 하잖아. 지금도 아이를 때리는 게 잘못이라고 말할 거니?

세라: 응. 아이를 때리는 건 잘못된 일이야.

록사나: 그렇지만 불과 몇 초 전에 네가 한 말이 있으니, 그런 도덕적 주장이 진실이라고 규정하진 않을 거지?

세라: 응, 아이를 때리는 게 잘못된 일이라는 주장은 진실이 아니야.

밥: 마음을 분명히 정해, 세라. 처음에 뭔가 말해놓고, 그 다음에는 방금 전 했던 말이 진실이 아니라고 말하잖아.

록사나: 세라, 넌 진실에 관한 기본적인 논리를 또 어겼어.

세라: 좋아, 아이를 때리는 게 잘못된 일이라는 주장은 진실이야. 내 입장에서 그렇다는 거고, 밥의 입장에서는 그렇지 않아.

밥: 이제 너도 자크만큼 잘 빠져나간다.

자크: 단순한 것보다는 잘 빠져나가는 편이 더 나아, 밥.

밥: 세라, 뭔가가 진실이라고 생각되면 그냥 시원하게 진실이라고 하면 안 돼? 믿음 안 가는 변호사처럼 자꾸 조건을 달지 말고.

세라: 좋아, 밥, 네가 정 그렇다면. 아이를 때리는 게 잘못임은 진실이야.

록사나: 결국 세라는 도덕적 주장에 대해 진실 혹은 거짓이라고 규정하는군.

세라: 도덕과 관련된 이런 상대주의는 모든 것과 관련된 자크의 상대주의와는 달라서 그리 영향력이 크지 않아. 도덕에만 한정되니까 모든 허점을 이걸로 메우지는 않지.

자크: 세라, 도덕처럼 커다란 문제에서 시작하는 건 현명하지 않아. 작은 데서 시작해서 차차 넓혀 가는 편이 나아.

세라: 어떻게 하자고?

자크: 별로 중요하지 않은 것, 예를 들면 예절 같은 것에서 시작해보는 거야, 세라.

밥: 좋은 예절을 잘 지켜야 한다고 배우면서 자랐어. 하지만 아이처럼 건방지게 까분 적이 많았음을 인정해야 할 거야.

자크: 하지만 예절은 도덕과 달리 생사가 걸린 문제는 아니잖아, 그렇지, 밥?

밥: 그렇지 않을 수도. 요즘은 조폭 두목에게 불손하게 굴었다고 길거리에서 총 맞아 죽는 사람도 있어.

세라: 밥, 적절한 예는 아닌 듯해. 결국 그 말은, 살인을 함으로써 도덕 규칙을 어기는 것이 불손한 태도로 예의 규칙을 어기는 것보다 훨씬 나쁘다는 자크의 주장을 뒷받침하는 거야.

자크: 고마워, 세라. 트림을 예로 들어보자. 어떤 나라에서는 식사 후에 트림을 하는 게 예의 바른 행동이래. 우리나라에서는 무례한 행동이잖아. 그들의 규칙이 우리 규칙에 비해 절대적으로 좋다든가 나쁘다고 생각하는 사람이 누가 있겠어?

록사나: 우리 오빠는 식사 후 트림을 하곤 했지. 문화적으로 용인되는 행동이었지만 난 역겨웠어.

밥: 내 사촌은 식사 후에 트림하지 않는 사람을 뻣뻣하고 잘난 척한다고 보더라.

자크: 상반되는 반응은 서로 상쇄되는 효과가 있어. 좋아, 다들 한번 들어볼래? 문화는 복잡하지만 논의를 위해 간단하게 이렇게 정리해보자고. 트림을 하는 문화가 있고 트림을 하지 않는 문화가 있어. 트림을 하지 않는 문화에서는 식사 후에 트림을 하면 무례하

고, 트림을 하는 문화에서는 예의 바른 행동이지. 절대적으로 무례한 것도, 예의 바른 것도 아니야. 그런 사례에 대해서는 우리 모두 상대주의자가 돼. 이를 하나의 견본 삼아 도덕처럼 보다 어려운 문제에 대해서는 어떻게 상대주의적 입장을 취할지 알아낼 수 있어.

록사나: 누가 트림을 하는지가 중요해. 그리고 어떤 상황에서 하는지도.

세라: 당연해. 이 나라 이 기차에서 내가 식사 후 트림을 하면 무례한 행동이야. 록사나의 오빠가 자기 나라 자기 집에서 식사 후 트림을 하면 예의 바른 거지. 그가 이 기차에서 트림을 하거나 내가 그의 집에서 트림을 하는 경우는 어떻게 되는지 확실치 않아.

록사나: 아마 우리 오빠라면 웃겠지. 그는 무시하자고. 세라는 트림이 예의 바른 행동인가 아닌가 하는 문제가 그것을 규정하는 사람에 따라 상대적으로 달라진다고 보지 않았어. 트림을 하는 사람과 트림을 하는 환경에 따라 달라진다고 보았지.

자크: 뭐가 다른 거야, 록사나?

세라: 만일 록사나의 오빠가 자기 집에서 트림했는데 내가 이를 무례하다고 생각한다면 나는 그의 문화를 알지 못한 탓에 잘못된 판단을 한 거야. 그의 집에서 그가 트림을 한 행동이 그의 문화에서는 예의 바르지만 나의 문화에서는 무례하다고 볼 수 없어. 그의 행동은 그냥 예의 바른 거야. 트림은 그의 문화권 안에서 이루어진 일이니까 중요한 기준은 그의 문화지.

밥: *끄으윽, 끄윽.*

세라: 밥, 너 정말!

밥: 미안. 논의할 사례 하나를 너한테 만들어주고 싶은 마음이 절실했거든.

세라: 고마워. 록사나의 오빠가 이 자리에 있었다면 아마 밥의 트림에 대해 예의 바르다고 여겼겠군.

록사나: 우리 오빠는 그랬을 거야.

세라: 하지만 그는 우리 문화를 알지 못한 탓에 잘못된 판단을 한 거야.

록사나: 우리 문화를 깔본 탓일 수도 있어.

세라: 어쨌든. 밥이 트림을 한 행동이 그의 문화에서는 예의 바르지만 나의 문화에서는 무례하다고 볼 수 없어. 밥의 트림은 그냥 무례한 거야. 그 행동이 우리 문화권에서 이루어졌으니 중요한 기준은 우리 문화인 거지.

록사나: 상대주의에서는 문화를 세심하게 감안해서 트림을 분류하지 않아.

자크: 록사나, 개별적인 트림을 잠시 제쳐놓는다면 우리는 '트림이 무례한 행동이다'와 '트림이 예의 바른 행동이다' 등과 같은 일반화된 주장에 대해 여전히 상대주의적 입장을 취하고 있어.

세라: 아니, 두 일반화 모두 거짓이야. 록사나의 오빠가 트림을 한 경우는 '트림은 무례한 행동이다'라는 주장에 대한 반례이고 밥

이 트림을 한 경우는 '트림은 예의 바른 행동이다'라는 주장에 대한 반례야.

자크: 세라, 지금 너는 사람들이 그런 행동을 모든 문화에 적용해서 일반화한 것처럼 해석하고 있어. 아마 사람들이 그런 주장을 할 때에는 자기 문화에 한정한 말일 거야. 그러니까 네가 '트림은 무례한 행동이다'라고 말하고 록사나의 오빠가 '트림은 예의 바른 행동이다'라고 말한다면 둘은 각각 자기 문화에 대해서 진실을 말한 거지.

록사나: 그건 상대주의가 아니야. 문장 속에 담긴 내용은 그 문장을 말하는 상황에 따라 달라질 수 있다는 일반적인 현상의 한 사례일 뿐이지. 실제로 세라는 '내 문화에서 트림은 무례한 행동이다'라고 말하고 내 오빠는 '내 문화에서 트림은 예의 바른 행동이다'라고 말하는 거야. 두 사람 주장은 모순이 없어. 세라가 '나는 여자다'라고 말하고 내 오빠가 '나는 여자가 아니다'라고 말한 것과 같은 거야. 주장의 의미를 명확히 하고 나면 세라도 오빠도 모두 진실을 말했다는 게 양쪽 문화 모두에 확실해지지.

세라: 합법성 같은 거네. 아이를 때리는 행동이 합법인 나라가 있고 불법인 나라가 있어. 아이를 때리는 행동이 합법인지 아닌지는 그 행동이 일어난 지역에 따라 다른 거야. 자기가 속한 사법 관할구역 밖에서 아이를 때린 행동에 대해서는 일률적으로 합법 또는 불법이라고 말할 수 없지. 입장에 따른 상대성은 끼어들지 않아.

록사나: 자크가 상대주의를 논하기 위한 쉬운 사례로 예절을 택한 건 잘못된 판단이었어.

세라: 도덕은 달라. 각 문화마다 자기 영역 내에서 어떤 행동이 무례하고 예의 바른지는 정하지만 어떤 행동이 도덕적으로 옳고 그른지는 정하지 않아. 다른 사회의 모든 사람이 노예제를 옳다고 생각하더라도, 심지어는 노예 자신들까지 그렇게 생각하더라도, 우리는 그 문제를 그렇게 생각하지 않아. 그들의 노예제가 옳지 않다고 비난하지.

록사나: 세라는 그런 비난에 대해 여전히 상대주의적 입장인 거야?

세라: 응. 다른 입장을 취해야 할 과학적 근거를 알지 못하니까. 하지만 솔직히 도덕 상대주의가 어떻게 적용될지는 정확히 모르겠어.

록사나: 노예를 해방하기 위해 외부에서 개입하는 걸 지지할 거야?

세라: 응, 노예제는 용인할 수 없어.

록사나: 그런 외부 개입이 정당함을 노예 소유주에게 설명해야 한다면 뭐라고 말할 거야?

세라: 노예의 고통스러운 삶에 대해 이야기하고 노예 소유주들이 노예의 관점에서 바라보도록 설득할 거야.

록사나: 네가 도덕 상대주의자라는 걸 노예 소유주들이 들어서

알고 있다고 치자. 노예제에 대한 옹호보다 노예제에 대한 비난이
절대적으로 더 나은지 그들이 물어온다면 넌 뭐라고 답할래?

세라: 그 자리에서 바로 상대주의자임을 밝히는 건 정치적으로
그다지 현명한 행동이 아니겠지. 그 정도는 알아. 하지만 거짓말을
하고 싶지도 않아. 노예 소유주들이 자발적으로 노예제를 포기하
도록 설득할 수 없는 경우, 만일 내가 그들보다 힘이 세다면 무력
개입을 하는 수밖에 없을 것 같아. 노예제는 도리에 맞지 않으므로
무력 개입을 하겠다고 그들에게 말할 거야.

자크: 세라, 네 입장이 그들 입장에 비해 절대적으로 더 나은 게
아니라면 그들이 입장을 바꿔 '도리에 맞지 않는다'는 너의 입장을
받아들이려고 할까?

세라: 노예를 해방할 힘이 내겐 있으니 그걸 사용하겠다고 말할
수는 있지.

밥: 폭력을 사용한다고?

자크: 세라, 힘의 균형이 달라진다면, 그들이 널 노예로 만들 힘
이 있으니 그 힘을 사용하겠다고 말할지도 몰라.

세라: 내가 노예 소유주에게 뭐라고 말하는지는 중요하지 않아. 무슨 말이든 그들 생각을 바꿔놓긴 어려울 테니까. 그렇다고 노예 소유주의 편견을 없애고 설득할 만한 논거를 찾는 기적이 일어날 때까지 노예들이 그저 사슬에 묶인 채로 있어서는 안 돼.

록사나: 노예 소유주를 설득할 만큼 개입의 정당성을 입증하지는 못해도, 너 자신을 설득할 만큼 개입의 정당성을 입증하고 싶은 마음은 들지 몰라.

세라: 맞아. 무력 행동이 정당하다고 확신하려면, 아무것도 하지 않기보다 노예를 해방하는 편이 더 낫다고 생각해야 해. 단지 내 입장에서만이 아니라 절대적으로 옳다고 믿어야지. 하지만 도덕 상대주의자가 그렇게 얘기하면 안 되겠지?

자크: 자, 너희 모두 예절과 관련해서 한바탕 얘기를 했으니, 이제 상대주의가 어떻게 적용되는지 알아보기 위해 다른 재미난 사례를 들어보자. '재미있다'와 '지루하다'의 차이에 대해 말해보는 게 어때. 우리에겐 정말 중요한 문제야. 재미있는 일을 하면서 살고 싶지, 지루한 일을 하면서 살고 싶지는 않아. 그리고 재미있는 사람(너희 셋처럼)을 만나고 싶지, 지루한 사람을 만나고 싶지도 않고. 하지만 무엇을 지루하게 느끼는지는 네가 어떤 사람인가에 따라 상대적으로 달라. 록사나, 네 이야기가 비록 내게는 재미있더라도 많은 사람에게 지루함을 줄 수 있어.

록사나: 네가 좋아하는 니체에 따르면, 진실이 위험할 때보다도

지루할 때 사람들은 진실을 옹호하지 않지. 하지만 나는 재미있는 거짓보다는 지루한 진실이 더 좋아.

세라: 개입하지 않기보다 개입하는 편이 네게 덜 지루하다는 근거를 내세워서 군사적 개입을 정당화할 수는 없어.

자크: 맞아, 세라, 그렇지. 하지만 나는 보다 간단한 사례에서 시작하기 위해 도덕의 다른 복잡한 사항을 잠깐 제쳐놓으려는 거야. 내 주장을 정리하면 이래. 뭔가가 내게 재미를 안겨주면 나는 '그거 재미있어'라고 말할 수 있어. 그게 다른 이들에게 지루하면 그들은 '그거 지루해'라고 말할 수 있지. 나한테는 재미있고 그들에게는 지루한 거야. 그게 다라고. 그것이 절대적으로 재미있는지 지루한지 묻는 건 아무 의미가 없지.

록사나: 뭔가에 지루함을 느끼는 사람은 '지루하다'고 말하지. 그게 틀릴 수도 있나?

자크: 어떻게 틀릴 수 있겠어, 록사나? 널 지루하게 하는 건 뭐든 그냥 지루한 거야.

록사나: 다른 이유는 없고 오로지 주의를 제대로 기울이지 않아서 지루했더라도?

자크: 그래도 그에게는 지루한 거지, 록사나. 내가 좀 더 주의를 기울인 덕에 지루하지 않았다면 그건 내게 지루하지 않은 거고.

세라: 네가 책을 하나 쓴다고 상상해봐, 자크. 대단히 흥미로운 것들로 가득 찬 책 말이야.

자크: 그 예 마음에 든다, 세라.

세라: 그럴 줄 알았어, 자크. 그런데 좋지 않은 일이 생기고 말 아. 어떤 기자가 네 책에 대한 서평을 신문에 실었는데, 불행히도 게으른 글쟁이에 쉽게 지루함을 느끼는 사람이었지. 그는 네 책을 대충 넘겨보기만 했어. 너무 겉핥기식으로 훑어본 나머지 책 내용 속으로 충분히 들어가지 못했지. 그래서 서평에 '자크의 책은 지루하다'고 쓴 거야. 그러면 그의 주장은 거짓이 아닌가?

자크: 잘못 호도하는 면이 크지만, 세라, 그 주장이 거짓이라고 는 하지 못해. 만일 '자크의 책이 내게는 지루했지만 다른 독자에 게는 재미있을지도 모른다'고 썼다면 훨씬 정직하고 열린 태도였 겠지.

록사나: 무엇이 누구에게 지루했다는 주장은 상대주의 문제를 제기하진 않으니 지금 우리 논의와는 무관해. 네 책은 분명 기자에 게 지루함을 주었으니 그와 다르게 생각하는 사람들은 오해한 셈 이지. 상대주의 문제는 누구라는 것을 특정하지 않고 그 책을 재미 있다거나 지루하다고 할 때 제기되는 거야.

세라: 책 서평의 목적은 그 책에 대한 서평자의 특이한 반응을 전달하는 게 아니야. 잠재적인 독자에게 그 책이 어떠한지 전해줘 서, 그들이 책을 사는 데 돈을 쓸지 말지 정보를 바탕으로 선택할 수 있도록 해주는 거지. 서평자가 지루하게 느낀 면은 서평을 읽은 독자가 이 책을 지루하게 느낄지 여부에 대한 증거로서 중요한 의

미를 지니지. 서평에서 '지루하다'거나 '재미있다'는 표현이 나올 때, 이는 서평자에게 지루했거나 재미있었음을 의미한다기보다 서평을 읽은 독자에게 장차 이 책이 지루하거나 재미있을 법하다는 의미야.

자크: 정당한 지적이야, 세라. 그러한 표현이 나올 땐 그 표현을 쓴 사람뿐만 아니라 듣는 사람의 반응도 중요해. 하지만 아무리 잠재적 청중이라 해도 저마다 다르기 때문에 내 주장은 여전히 유효하지. 회계 업무에 관한 이야기가 회계사 청중에게는 재미있을지 몰라도 축구 팬 청중에게는 지루할 수 있어.

밥: 난 축구 경기에서 회계사를 몇 명 만난 적이 있는데?

자크: 그럴 수 있어, 밥. 하지만 대다수 축구 팬은 회계사가 아니야. 난 일반적 성향을 말하는 거라고. 축구 팬이 아닌 회계사가 있고 회계사가 아닌 축구 팬이 있다고 하자. 회계사들은 회계 이야기가 재미있었다는 데 동의하고 축구 팬들은 회계 이야기가 지루했다는 데 동의해. 어느 쪽도 잘못이라고 할 수 없지만 어떤 의미에서 양측은 입장 차이를 보이지. 그 지점에서 상대주의가 성립되는 거야.

세라: 내가 듣기에는 양측 모두 실제로 입장이 다른 것 같지는 않아. 회계사들은 '그 이야기가 회계사에게는 재미있었다'는 의미로 말한 거고, 축구 팬들은 '그 이야기가 축구 팬에게는 지루했다'는 의미로 말한 거지. 거기에는 입장 차이가 없어.

자크: 그런 조건이 붙어야 하는 필요를 양측이 깨닫지 못했을 수도 있어, 세라.

세라: 으음, 만일 회계사가 '그 이야기는 모든 이에게 재미있었다'는 의미로 말한 거면 분명히 틀렸지. 축구 팬들이 '그 이야기는 모든 이에게 지루했다'고 말한 거면 그들 역시 분명히 틀렸고. 그런 경우에는 양측 모두 잘못이 있어.

밥: 만일 회계사들이 내가 만난 회계사들과 같은 사람이라면, 모든 사람이 그 이야기를 재미있게 여겨야 한다고 생각할 거야. 다른 축구 팬들이 지루하게 느끼는 이유는 그들이 어리석고 무지하기 때문이라고 비난도 할 테고. 또한 축구 팬들이 내가 만난 그 사람들과 같다면 모든 사람이 그 이야기를 지루하게 느껴야 한다고 생각할 거야. 회계사들이 재미있게 느끼는 이유는 그들의 따분한 성격 탓이라고 비난하겠지.

록사나: 흥미를 끄는 구석이 있다고 해서 재미있다고 하지는 않아. 반드시 흥미를 끌 만한 것이어야지. 또한 지루하게 느끼는 구석이 있다고 지루하다고 하지는 않아. 반드시 지루하게 느낄 만한 것이어야 지루하다고 말할 수 있지.

세라: 그런 의미로 말한 거라면 양측은 모든 사람이 회계 이야기에 어떤 반응을 보일까에 관해 의견 차이를 보이고 있어. 난 여전히 양측 모두 잘못이라고 봐. 축구 팬들은 회계 이야기를 굳이 재미있다고 여기지 않아도 돼. 그러니 회계사들의 주장은 틀렸어.

또한 회계사들은 회계 이야기를 지루하다고 여기지 않아도 돼. 그러니 축구 팬들의 주장도 틀렸어.

록사나: 의무에 대한 세라의 상대주의는 어디로 간 거야?

세라: 자크처럼 나도 한쪽에 제쳐놓은 거야.

록사나: 일단은 안심이네.

밥: 모든 사람이 마법에 흥미를 느껴야 해. 그러지 않는 건 너무 위험해.

세라: 아니야. 모든 사람이 흥미를 느낄 만한 가치가 있는 건 마법이 아니라 과학이라고. 설령 세상 모든 사람이 과학을 지루하게 느낀다 해도 그건 사람들이 얼마나 호기심이 없는가를 보여줄 뿐이지. 과학이 재미있다고 아무도 인정하지 않더라도 과학은 정말 재미있는 것이 될 거야.

자크: 현실 세계의 어느 누구도 재미를 못 느끼지만 그 자체로 재미있는 것이라니, 이런 생각은 또 뭐야, 세라? 아무튼 '재미있다' 와 '지루하다'를 가치 용어로 취급한다면 너무 복잡해져서 상대주의의 유용한 사례가 되지 못할 거야. 그러니 단순하게 가자. 재미가 있으면 재미있는 것이고, 지루하면 지루한 것으로 취급하자고.

세라: 누구에게 재미있거나 지루한 걸 말하는 건데?

자크: 그 단어가 쓰이는 배경에 따라 달라지지, 세라.

세라: 회계 업무라는 배경에서 '재미있다'와 '지루하다'는 회계사에게 재미있거나 지루한 것을 의미하고, 축구라는 배경에서 '재

도덕 논의는 애초부터 현실을 바꾸기 위한
방법의 차원에서 하는 거야. 말만 하고
행동하지 않는다면 도덕이 무슨 소용이야?

미있다'와 '지루하다'는 축구 팬에게 재미있거나 지루한 것을 의미하는 거네.

자크: 그렇게 가자고, 세라.

세라: 우린 전에도 이런 상황에 부딪힌 적 있었어. 회계 업무라는 배경에서는 회계 이야기를 '재미있다'고 하고 축구라는 배경에서는 '지루하다'고 한다면 거기에는 어떤 잘못도, 의견 차이도 없어.

자크: 같은 배경에서 어느 한 회계사는 회계 이야기를 '재미있다'고 하고 어느 한 축구 팬은 '지루하다'고 한다면 어떻게 되는 거지, 세라?

세라: 네 말을 토대로 할 때 같은 배경의 비교 계층이 있어. 그 반응이 중요한 의미를 지니는 사람들로 이루어진 비교 그룹이지. 아마 모든 회계사, 모든 축구 팬, 그리고 축구 팬이기도 한 회계사들이 있겠지.

자크: 좋아, 세라.

세라: 그러니 그 이야기가 비교 계층 사람들에게 재미가 없었다면 그 회계사가 틀렸고, 반대로 지루하지 않았다면 그 축구 팬이

틀린 거야. 그런데 둘 다일 수는 없어. 그러니 회계사든 축구 팬이든 어느 한쪽은 틀린 거지. 누군가는 잘못한 거야.

자크: 그런데 누가 틀린 거야, 세라?

세라: 그건 실제로 중요한 게 아니야, 자크. 넌 어느 쪽에게도 잘못이 없는 의견 차이를 원하는 것처럼 보여. 하지만 실제 삶에서는 청중의 반응을 표본 조사함으로써 누가 틀렸는지 알 수 있지. 반응이 엇갈린다면 양쪽 모두 틀리는 거야. 넌 상대주의가 적용되는 간단한 모델을 찾고자 했지만 별반 잘되지 않았지?

록사나: 자크가 간단한 출발점으로 삼으려던 논의가 자꾸 허물어지고 있어.

자크: 너의 게임에 너무 깊이 들어갔나 봐, 록사나. 난 명확하고 단순하게 논의를 끌어가려고 했어. 교훈이 있다면 상황이 결코 명확하지도 간단하지도 않다는 거지. 늘 모호하고 복잡해. 상대주의를 지향하려는 열망 때문에 명확하고 간단한 것을 받아들였는데, 상대주의에서는 명확하고 간단한 주장이 성립되지 않아. 이는 상대주의가 우리 삶에 잘 들어맞는다는 증거야. 명확하고 간단한 생각이 덫인 거지.

세라: 어떤 케케묵은 헛소리든 그런 변명으로 옹호할 수 있어. 그건 궁여지책일 뿐이야. 과학은 복잡한 현상을 간단한 법칙으로 어떻게 설명할 수 있는지 보여주지. 완벽할 만큼 명확하고 간단한 설명에는 도달하지 못하겠지만, 그렇다고 가능한 한 그 수준에 가

까워지도록 노력하지 말아야 한다는 의미는 아니야.

자크: 넌 아직도 그런 수준에 가까워질수록 더 좋다고 가정하는 구나, 세라. 난 생각이 달라. 때로는 보다 모호하고 보다 복잡하게 만듦으로써 더욱 깊이 이해하기도 해.

록사나: 모호함과 복잡함을 좋아하는 사람들은 자기가 더 깊이 이해한다고 늘 확신하더라.

세라: 과학에서는 세계가 모호성과 복잡성으로 가득 차 있다고 인정해. 기저 형태를 확인하고 설명하기 위한 첫 단계로 그러한 모호성과 복잡성을 세밀하게 관찰하고 묘사해야 한다고 주장함으로써 그것을 존중하고 있지. 모호성과 복잡성을 그저 모호하고 복잡하게 논의하기보다는 그렇게 하는 편이 훨씬 공정하게 다룰 수 있어. 자크, 넌 사례들을 선택했지. 하지만 상대주의를 피해가면서도 모호성과 복잡성을 명확하고 간단하게 이해하는 방식이 나왔을 때 넌 반박하지 못했어.

자크: 그러는 넌 어떤데, 세라? 넌 지금 어디에 서 있는 거야? 전에 너는 도덕 문제를 과학적으로 정할 순 없다고 하면서 도덕 문제에 상대주의를 적용했어. 그런데 이제는 고양이가 상대주의를 몰래 들여온 것처럼 말하고 있지.

세라: 솔직히 확신이 없어. 일정 범위에만 한정하여 적용하는 상대주의조차도 이제는 유망하게 여겨지지 않아. 다른 것도 마찬가지고. 과학에 대해 생각할 때에는 도덕 논의를 현실에 대한 설명

으로 진지하게 받아들이지 못했어. 하지만 제 아이를 때리는 저 여자에 대해 생각하다가 도덕 논의를 진지하게 받아들이게 된 거야. 적어도 난 뒤죽박죽이 되어버린 내 생각이 문제의 해결책인 양 굴지는 않아.

자크: 세라, '뒤죽박죽이 되어버린' 생각이 네가 생각하는 의미에서는 '해결책'이 아닐지 몰라도 네가 문제와 더불어 살아가는 방법이 될 수 있어. 현실에 대한 설명이 되지 못한다고 해서 도덕 논의를 진지하게 받아들이지 못할 이유가 뭐야? 도덕 논의는 애초 그런 의도로 하는 게 아니고, 현실을 바꾸기 위한 방법의 차원에서 하는 거야. 말만 하고 행동하지 않는다면 도덕이 무슨 소용이야? '아이를 때리는 게 잘못된 행동'이라는 주장은 아이를 더는 때리지 못하도록 막기 위한 의도로 하는 거라고.

세라: 내겐 그 정도로 충분하지 않아. 내가 확실히 옳고 그 엄마가 확실히 틀렸다고 생각하지 않았다면, 내가 그 엄마를 막을 자격이 있다고 생각 못했을 거야.

밥: 대단한 일을 했지.

세라: 적어도 시도는 했잖아.

자크: 세라, 상대주의가 포용을 암시하는 게 아니라고 전에 주장하지 않았어?

세라: 혼란스런 어떤 철학 이론이 무엇을 암시하는지 아닌지에 관해 말하고 있는 게 아니야. 난 그 엄마가 아이를 때렸다는 걸 안

다고 생각했듯이, 그녀가 아이를 때린 건 잘못임을 안다고 생각했기에 개입했던 거야. 내가 안다고 생각했던 것이 환상이라면 내가 행동에 나설 이유는 약해지지.

자크: 그래서 이제 도덕적 진실뿐만 아니라 도덕 지식까지 원하는 거야?

세라: 응, 하지만 어느 한쪽으로 기우는 것은 아니야. 사람들이 옳고 그른 것을 어떻게 구분할 수 있는지는 모르겠어. 하지만 '아이를 때리는 것은 잘못된 행동이다' 하는 주장이 아이를 더는 때리지 못하게 막기 위한 명령이라면 거기엔 어떤 권위가 담긴 거지? 사람들이 왜 그 명령을 따라야 해?

자크: 명령을 내리는 사람은 너야, 세라.

세라: 그래, 하지만 내가 명령을 내리는 사람일 때에는, 난 그저 명령을 따를 뿐이라는 주장이 갑자기 괜찮은 변명으로 들리지 않아.

자크: 세라, 아이를 때리지 말라고 누군가에게 말하는 건 강제 수용소 경비대원의 일과는 달라.

세라: 당연히 다르지. 평상시였다면 난 도덕적 차이를 완전히 안다고 말했을 거야. 하지만 우리에게 도덕 지식이 있는지 의심이 들기 시작하니 헷갈려. 다른 이들이 원하는 대로 하게끔 놔두지 않고 그에 맞서 그들 삶에 개입하는 일이 옳다고 정당화할 만한 적절한 근거로는 보이지 않아.

록사나: 왜 도덕 지식을 얻기 힘들다고 보는 거야?

세라: 한번 생각해봐. 구타 행위가 있었다고 아는 것과 그것이 잘못된 행동이라고 아는 것 사이에는 차이가 있어. 구타 행위는 물리적 사건이었어. 시각의 정상적인 과정을 통해 내 뇌에 갖가지 효과가 생겼지. 내가 그 일을 눈으로 보았고 그 일이 일어났다고 아는 걸 의미해. 구타 행위가 잘못된 행동이라는 것은 물리적 사건이 아니었어. 나는 그걸 눈으로 보거나 다른 감각으로 지각하지 못했지. 그렇다면 구타 행위가 잘못된 행동이었다고 내가 어떻게 알 수 있겠어?

록사나: 구타 행위가 일어났다는 걸 알려면 네가 그 일을 눈으로 보았을 때 구타 행위임을 알아볼 수 있어야 해.

세라: 당연하지. 어떤 행동을 볼 때 그것이 구타 행위인지 아닌지는 분별할 수 있어. 나를 믿어도 돼. 빛도 환하니까.

록사나: 넌 어떤 행동을 보았고 그것이 잘못된 행동임을 분별했어. 빛도 환했고. 그렇다면 그 일이 잘못된 행동이라고 인식했던 거 아니야?

세라: 잘못된 행동을 볼 때 그것이 잘못된 행동임을 인식할 능력이 있다고 생각하고 싶어. 하지만 그런 능력을 어떻게 개발할 수 있을지는 모르겠어.

록사나: 구타 행위와 잘못된 행동의 어떤 차이점이 여기에 관련된다고 보는데?

세라: 각각의 구타 행위는 겉으로 보이는 모습이나 소리가 서로

비슷해. 하지만 각각의 잘못된 행동은 그렇지 않아.

밥: 난 구타 행위를 수없이 눈으로 보고 소리로 들었어. 서로 많이 달라. 얼마나 세게 어디를 때리는가에 따라, 누가 때리는가에 따라. 누가 맞는가에 따라 다 달라.

자크: 또한 같은 구타 행위라도 입장에 따라 다르게 보여, 세라.

세라: 그래도 전반적인 물리적 유사성이 서로 있잖아. 하지만 잘못된 행동의 경우는 그렇지 않아. 물리적 학대와 정신적 학대는 겉모습도 소리도 완전히 달라.

록사나: 전반적인 물리적 유사성이 없어도 구분할 수 있는 일들이 있어. 너 체스 두니?

세라: 가끔 해. 왜 묻는데?

록사나: 외통수 상황이 되면 넌 그걸 알아볼 수 있잖아. 모든 외통수 상황이 전반적인 물리적 유사성을 지니나?

세라: 그렇지 않지. 다른 외통수보다는 오히려 외통수가 아닌 상황과 훨씬 비슷하게 보일 때가 많아. 기물의 배열과 수가 다르고 심지어는 기물도 다르지. 만화 캐릭터로 기물을 만든 체스 세트를 본 적도 있어. 네 말이 옳아. 우리는 보다 추상적인 형태도 지각으로 알아볼 수 있어. 하지만 그것으로는 잘못된 행동을 인식하기에 충분하지 않아. 외통수 상황인지 아닌지를 판단하는 문제와 비교했을 때, 잘못된 행동인지 아닌지를 판단하는 문제는 보다 많은 배경 요인에 따라 달라지지. 이중 결혼을 한 사람이라도 합법적 결혼

우리에게 도덕관념이란 게 있다면 분명
어느 정도 진화해왔을 거야. 그런데 왜 진화는
도덕을 기르는 방향으로 이루어질까?

을 한 사람과 똑같아 보일 수 있잖아.

자크: 서로 합의한 성인 사이의 이중 결혼이 무슨 문제가 돼, 세라?

세라: 대개는 합의 문제를 알리지 않지. 어쨌든 록사나가 내 말에 뭐라고 답할지 듣고 싶어.

록사나: 더 비슷한 사례를 이용할 생각이야. 어떤 일이 일어났을 때 넌 이른바 잘못된 행동인지 아닌지 구분할 수 있어. 여기서 '이른바 잘못된 행동'이란 실제로 잘못된 행동이든 아니든 상관없이 네가 잘못된 행동이라고 일컬을 만한 행동을 의미해.

세라: 당연하지. 내 반응의 유사성을 토대로 구분하는데, 도덕적 반감을 느끼는 경우가 있고 그렇지 않은 경우가 있지.

록사나: 틀림없이 그럴 거야.

세라: 하지만 지금 논점은 내 도덕적 반감이나 승인을 타당하다고 인정할 수 있는가 하는 문제라고!

록사나: 그 문제는 차차 나올 거야. 우선 난 네 감정이 타당하다고 가정하지 않아. 다만 네가 그렇게 느끼는 것은 용인하지. 내 말

에 대해서는 논쟁의 여지가 없을 거야. 넌 이른바 잘못된 행동들을 보면 다른 일을 대할 때와는 다르게 반응해. 그런 행동을 잘못된 행동으로 일컫는 것이 우선 한 가지 차이야. 그리고 구타 행위와 비교해보았을 때 이른바 잘못된 행동들은 너의 두뇌 입력 과정에서 이미 매우 추상적인 양식을 형성하지. 네가 '물리적 학대'라고 일컫는 사례들은, 보이는 모습도 들리는 소리도 네가 '정신적 학대'라고 일컫는 사례와 다르잖아. 그런데도 넌 이른바 잘못된 행동을 인식할 수 있어. 그러므로 잘못된 행동이 지나치게 추상적인 형태라서 인식할 수 없다는 말은 어리석은 얘기야.

세라: 하지만 이른바 잘못된 행동과 잘못된 행동은 같지 않아. 내가 잘못 구분하는 경우가 더러 있지. 배경에 관해 잘못된 정보를 갖고 있다면, 나는 이중 결혼을 합법적인 결혼으로 오인하거나 합법적인 결혼을 이중 결혼으로 오인할 수 있어. 이른바 잘못된 행동이지만 사실은 잘못된 행동이 아닌 경우도 있고, 잘못된 행동인데도 이른바 잘못된 행동이라고 일컫지 않는 경우도 있지.

록사나: 물론이지. 그런 일이 없다고 말한 적 없어. 주의 깊게 들어줘. 내가 비교해서 말한 논점을 간단히 정리하면 이런 거였어. 잘못된 행동과 이른바 잘못된 행동은 두뇌 입력 과정의 비슷한 추상화 단계에서 양식이 형성된다는 거지. 너의 뇌는 이른바 잘못된 행동에 의해 형성된 양식에 민감하게 반응하니까, 잘못된 행동에 의해 형성된 양식이 너무 추상적이라서 너의 뇌가 인식하지 못한

다는 말은 내게 하지 말라는 거야.

세라: 네게 그 얘기를 하지 않겠다고 약속할게.

록사나: 좋아.

세라: 그래도 난 신뢰성이 염려돼. 내가 잘못된 행동이라고 일컬은 행동과 실제로 잘못된 행동 사이에 대강이나마 믿을 만한 상호 관련성을 설정할 수 있을까?

밥: 네 엄마와 아빠는 옳고 그른 것의 차이를 어떻게 알 수 있는지 가르쳐주지 않았어?

세라: 엄마 아빠는 분명히 그렇게 했지. 하지만 내 도덕이 두 분의 것과 정확히 같지는 않지. 어쨌든 두 분은 그런 관념을 어떻게 알았을까? 각 세대가 도덕관념의 책임을 이전 세대에게 돌린다면 애초 이 모든 건 어떻게 시작되었을까?

밥: 너라면 그런 도덕관념이 진화해왔다고 대답할 줄 알았는데.

세라: 우리에게 도덕관념이란 게 있다면 분명 어느 정도 진화해왔을 거야. 그런데 왜 진화는 도덕을 기르는 방향으로 이루어질까? 진화는 옳고 그름 같은 것에는 관심 없고 오로지 적자생존과 번식에만 관심을 두잖아.

밥: 진화가 관심을 두는 게 있기는 해?

세라: 당연히 없지, 엄밀히 말하면. 그런데 옳고 그른 걸 구별하는 능력이 우리의 진화적 적합성을 어떻게 향상시키게 되었을까?

밥: 함께 살아가도록 도와줌으로써 그렇게 하지 않았을까? 우리

가 계속 서로를 죽인다면 살아남지 못할 테니까. 같은 종인데도 서로 죽이는 동물들이 얼마나 많은데. 넌 분명 그런 게 진화라고 생각할 거야. 이제 알았지, 인간은 대부분 동물보다도 상황이 더 나빠.

세라: 살인에 대한 금지가 어떻게 발달할 수 있었는지 알아. 하지만 살인이 종의 생존을 위태롭게 하기 때문이었지, 살인이 옳지 않기 때문은 아니야. 사실은 살인이 옳을 수도 있는데 우리가 그걸 잘못된 행동이라고 생각하고 그런 짓을 저지르지 않도록 진화했을지도 몰라. 우리가 '잘못된 행동'이라고 일컫는 것들이 실은 잘못된 행동이 아닐 수도 있어. 잘못된 행동이 아닌 것을 잘못된 행동이라고 오인하도록 진화했을 수도 있으니까.

록사나: 우리가 '구타 행위'라고 일컫는 것이 사실은 구타 행위가 아닐 수도 있다는 주장도 할 거니? 구타 행위가 아닌 것을 구타 행위라고 오인하도록 진화했을 수도 있지 않을까?

세라: 아니야. 그건 터무니없는 말이지.

록사나: 뭐가 다른데?

세라: 난 전반적인 회의론자가 아니야. 다만 옳고 그름이나 선과 악 같은 도덕적 특성에 대해서 염려하는 것뿐이야.

록사나: 그런 것들은 왜 특별한데?

자크: 록사나, 세라, 정신 차려! 사회별, 개인별, 시대별로 도저히 양립할 수 없는 도덕의 차이가 있다는 것은, 식물학자가 식물을 알아보듯 우리가 알아봐주기를 기다리는 도덕적 특성이 세상 어딘

가에 존재하는 게 아님을 의미해.

세라: 과학에서도 양립할 수 없는 견해 차이가 있어. 밥은 결코 마법에 대한 믿음을 버리지 않을 거야.

밥: 넌 마법에 대한 불신을 결코 버리지 않을 거고.

세라: 마법에 대한 진실은 알 수 있어. 또한 진화를 둘러싸고 과학자와 종교 근본주의자 사이에 양립할 수 없는 견해 차이가 있지만, 그렇다고 해서 과학자들이 진화 이야기의 진실을 알지 못하도록 막지는 못해. 하지만 도덕과 관련한 특별한 점 때문에 난 도덕에 대해 회의적인 입장으로 기울고 있지. 도덕을 잘 설명할 수 있을지 확신이 안 생겨. 우리는 '구타 행위'니 '외통수'니 그 밖의 다른 단어들을 쓰듯이 우리 환경에 나타나는 행동 양식들에 대해 '옳다'거나 '그르다'는 단어를 적용해. 하지만 '옳다'거나 '그르다'는 표현은 행동 지침을 정하는 데도 사용되기에 특별한 의미를 가져. 어떤 행동을 놓고 '옳다'고 일컫는 것은 초록 불을 켜주어 계속 가도 좋다고 말하는 거고, '그르다'고 일컫는 것은 빨간 불을 켜서 멈추라고 말하는 거지.

자크: 그건 내가 전에 했던 말이잖아, 세라. 도덕 담론은 행동 지침을 정하는 거라고. 도덕 담론은 세계를 설명하는 게 아니야.

세라: 아니, 두 가지 모두를 하고 있어. 그래서 문제인 거지. 어떤 행동을 '옳다'거나 '그르다'고 일컫게 되는 이유와 그 결과가 잘못 연결될 위험성이 있는 거야.

밥: 무슨 얘기를 하는 거야, 세라?

세라: 예를 들어볼게. 여성을 교육하는 건 잘못이라고 생각하는 사람들이 있어. 여성을 교육하는 실제 활동도 있고. 사람들이 이 활동을 본다면 알아보겠지.

밥: 학생이 여자인지 남자인지 누구라도 알 수 있으니까.

세라: 하지만 내가 말한 그 사람들이 교육 받는 여자를 본다면 '저건 잘못된 일이다'라고 말할 거야. 그러면 그들의 판단이 영향을 미쳐 사람들은 교육을 막으려고 시도하겠지. 빨간 불이 켜진 거니까. 따라서 그들의 판단은 원인과 결과가 서로 어긋나게 돼. 왜냐면 여자를 교육하는 일은 중단되지 않기 때문이지. 도덕적 용어를 사용한 결과 어긋난 인과관계가 생긴 거야. 내 문제는, 어떻게 하면 도덕 판단의 원인과 결과가 서로 어긋나는 일을 막을 수 있는가 하는 점이야. 그들의 도덕 판단만이 아니라 우리의 도덕 판단에도 해당되는 문제지.

록사나: 도덕 담론에서만 그런 문제가 생기는 것은 아니야. 어떻게 할 것인가에 관한 모든 논의에도 해당되지.

세라: 무슨 뜻이야?

록사나: 무엇이든 현실적 문제를 해결하는 과정에서는 설령 윤리적 문제가 제기되지 않더라도 어떻게 할 것인지 논의해. 그럴 때에도 어떻게 할 것인가에 대한 판단의 원인과 결과가 서로 어긋나는 일은 생겨.

세라: 다리를 건설하는 엔지니어들이 어떻게 할 것인가 판단할 때 회의주의적 입장을 보인다면 바보 같지 않을까?

록사나: 너는 회의주의를 그런 사례에까지 일반화해야겠니?

세라: 잠깐만. …… 뭐가 다른지 정리해보자고. 엔지니어들은 조건부로 이야기해. 다리가 무너지지 않기를 원한다면 어떻게 할 것인가 하는 식으로. 그건 목적에 대한 수단의 문제지. 반면 도덕적 금지는 달라. 목적에 대한 수단이 아니라 애초부터 무조건적이지. 그 여자가 아이에게 상처 입히기를 원하더라도 자기 아이를 때리는 것은 잘못된 행동이야. 아이에게 상처 입히기를 원한다면 더더욱 나쁜 행동이고.

밥: 세라, 네 말을 제대로 이해했는지는 모르겠지만 그래도 옳게 이해했다 치고 하나 물어볼게. 옳고 그름에 대해 생각하는 것과 보통의 현실적인 문제에 대해 생각하는 것을 어떻게 칼로 자르듯 그렇게 확실하게 구분할 수 있어? '저 장미가 잘 자라길 바란다면 가지치기를 해줘야 해'라고 생각만 해서는 아무 소용없어. 심지어는 장미를 없애겠다고 결심한 경우에도 그런 생각을 할 수 있거든. '만일'이니 '그러나'니 덧붙이지 말고 '나는 저 장미를 가지치기 해줘야 해'라고 생각하고 거기서 딱 끝내야 해. 그렇지 않으면 엉덩이를 떼고 일어나 나가서 실제로 장미 가지치기 따윈 하지 않아.

세라: 제대로 이해했네, 밥. 네가 무슨 말을 하는지 알아. '만일 이렇다면 저렇게 할 거야'라는 식으로만 생각하는 사람이라면 윤

리적 문제가 아닌 상황에서도 완전히 우유부단한 모습을 보이겠
지. 어떻게 할지 결정하기 위해서는 '만일'이라는 조건을 빼야 해.
그렇다고 해도 현실적인 근거에 따라 행동하는 것과 도덕적인 근
거에 따라 행동하는 것 사이에는 차이가 있어.

밥: 네가 현실적인 문제는 두뇌의 어느 한 구역에 넣어두고 도
덕적인 문제는 다른 구역에 분리해서 넣어둔다면, 어떻게 할 것인
가 하는 문제를 무슨 수로 징하겠어? 그 둘을 한데 연결해야 한다
고. 만일 장미가 다른 사람 것이고 그 사람이 가지치기를 원치 않
는다면, 내가 아무리 장미가 잘 자라기를 바라고 가지치기 안 해주
면 장미가 잘 자라지 못할 걸 알더라도, 내가 가지치기를 하는 건
잘못된 일이야.

세라: 네 말이 맞아. 어떻게 할 것인지 결정할 때 우리는 현실적
인 고려 사항과 도덕적인 고려 사항을 한데 결합해야 하지. 두 가
지를 분리시키는 경우 행동 시점에 가서 둘 중 한쪽은 열외로 밀려
날 거야.

록사나: 그렇다면 너의 도덕적 사고는 전체 결정 체계에 반드시

들어가야 할 사항이야?

세라: 맞아, 그렇지 않다면 도덕적 사고는 아무 의미가 없지.

록사나: 너의 회의주의는 도덕적 사항에만 적용되는 거야, 아니면 전체 체계에 적용되는 거야?

세라: 전체 체계에 대한 회의주의라니, 무슨 뜻이야? 그 체계는 결정을 하지, 예측을 하지 않아.

록사나: 어떻게 할 것인지 또는 하지 않을 것인지 결정하는 과정에서 너는 어떤 행동을 해야 하는지 아닌지에 대해 일정한 결론을 내리게 돼. 밥은 다른 사람이 소유한 장미의 가지치기를 하지 않기로 정하는 과정에서 장미의 가지치기를 해서는 안 된다고 결론을 내렸어. 장미의 가지치기를 해서는 안 되는 경우, 그리고 오로지 그 경우에만 그의 결론은 맞는 거야. 장미의 가지치기를 해야 하는 경우, 그리고 오로지 그 경우에만 그의 결론은 틀린 거지. 나는 네가 회의를 품는 것이 밥의 결론에 대해서인지 아니면 그가 근거로 삼은 도덕적 가정에 대해서인지를 묻고 있는 거야.

세라: 아, 알겠어. 도덕적 가정이 무엇인지에 따라 결론이 달라지는데, 내가 그 가정에 대해 회의한다면 결론에 대해서도 회의를 품겠지. 중대 사항에 결함이 있다면 전체 체계 역시 제대로 기능하지 못해. 우리 도덕 가치는 전체 결정 체계에서 중대 사항이니 내가 도덕 가치에 대해 회의적 입장이라면 전체 결정 체계에 대해서도 회의적 입장을 취해야 해.

밥: 또 점점 모르겠다. 도덕 가치에 무슨 결함이 있을 수 있어?

세라: 네 도덕규범에서 옷을 입지 말라고 금지한다면 넌 도덕적으로 문제되는 행동을 할 수 없게 되고 네 생활은 현실적인 면에서 엉망이 되지.

밥: 겨울이 오면 얼어 죽을 거야.

록사나: 그럼 세라는 우리 결정 체계 전반에 대해 회의적인 입장인 거야?

세라: 그건 너무 극단적이지 않아? 사람들은 많은 일상적 결정을 그런대로 올바르게 내리는 듯 보여. 더러 자기파괴적으로 행동할 때도 있지만 안 그럴 때가 훨씬 많지. 결국 난 우리 도덕 가치에 대해 그다지 회의적은 안 될 거야.

자크: 너 같은 오류가능주의자가 인간의 전반적인 결정 체계에 회의적 태도를 보이는 게 뭐가 이상해, 세라? 네 입장에서 볼 때 우리 행동이 대단히 자랑할 만한 성공 기록이라도 보여준 거야?

세라: 물론 아니야. 우리는 어떻게 할지 결정할 때 많은 실수를 해. 그건 분명하지. 하지만 간단한 일상적 결정은 분명 그런대로 올바르게 하지 않나?

자크: '분명하다'니? 우리 스스로를 칭찬하는 거 아니야, 세라?

세라: 그 이상이지. 어떻게 할지 결정하는 데 있어 종의 성원들이 대체로 엉망진창인 결정을 한다면 그 종은 살아남지 못할 거야. 쥐들은 일상생활에서 현실적인 결정을 제법 잘 하지. 우리 인간이

그보다 못할 이유가 뭐야?

자크: 쥐는 도덕에 대해 걱정할 필요가 없어, 세라. 그들은 선과 악의 관념이 미치지 않는 저 밑에 있다고.

세라: 도덕이 타당한 결정을 가로막는다는 의미니? 분명 복잡한 문제이긴 해. 하지만 우리의 도덕 가치가 심한 재앙을 가져오지는 않았음을 진화가 보여주지 않나? 우리 종은 살아남았고, 그러니 우리는 결정을 내리는 데 있어 아주 형편없지는 않아. 심지어는 도덕의 부담을 지면서도 말이야. 무엇을 해야 할지와 관련하여 단지 잘못된 결론을 피해 가는 정도보다는 훨씬 더 잘 해내고 있을 거야.

자크: 그건 수긍할게, 세라. 네가 순전히 현실적이라고 일컬을 만한 입장에서 볼 때 우리는 결정을 내리는 데 있어 쥐보다 형편없지는 않아. 하지만 애초 네가 출발한 지점에서 볼 때 우리가 이른바 '옳은' 도덕에 따라 끔찍하게 잘못된 결정을 내릴 가능성을 어떻게 배제할 수 있어? 네 입장에서 볼 때 그 도덕이 우리 종에게 집단 자살을 시키지 않을 거라고 네가 어떻게 알 수 있냐고?

밥: 만일 그렇다면 난 부도덕을 선택할래.

세라: 자크, 넌 내가 전혀 별개의 관점을 갖는다고 가정하고 있어. 순전히 현실적인 관점과 순전히 도덕적인 관점으로 나뉘어 있다고 여기지. 밥이 말했듯이 내가 어떻게 할지 결정해야 할 때가 되면 그런 식으로는 일이 되지 않을 거야. 그렇다면 난 그 둘을 하나의 입장으로 통합하게 돼. 나는 배를 갖고 싶은 적이 있었는데,

도덕 면에서는 배를 훔칠 수 없었고 현실성 면에서는 배를 만들 수 없었지. 그래서 대신에 나는 배를 사야 했어.

밥: 그럴 여유가 있었네.

세라: 그건 또 하나의 현실적 고려 사항이었지. 어쨌든 무엇을 해야 하는지 결정할 때 우리는 도덕적 고려 사항과 순전히 현실적인 고려 사항을 섞어서 생각해. 또한 다른 사람의 결정이나 과거에 있었던 우리 자신의 결정을 똑같은 방식으로 평가해보지. 무엇을 해야 하는지와 관련해서 결정이 옳았는지 틀렸는지 판단하는 거야.

자크: 세라, 그건 완전히 동일한 결정 과정을 두 번 되풀이한 다음에 그것이 분명 옳으리라고 말하는 것일 뿐이잖아.

세라: 아니지. 사정을 다 알고 난 다음에 얻은 깨달음의 이점을 누리는 거지. 우리는 결정이 가져온 결과를 근거로 되짚어 생각하면서 결정에 대해 판단하는 거야. 그건 독립된 점검이지.

자크: 그럼에도 애초에 결정을 내릴 때 이용했던 도덕 가치를 그대로 기준으로 삼아 결과를 판단하는 거야.

세라: 맞아. 도덕 가치에 관한 우리의 생각이 바뀌지 않는 한 그렇지. 하지만 설령 우리 생각이 달라지지 않았다고 해서 나중에 되짚어볼 때 애초의 결정이 옳았다는 판단만 항상 나오는 건 아니야. 우리가 잘못 판단했다는 사실이 결과를 통해 드러나는 경우도 있지. 과학과 같아. 우리는 과학을 토대로 실험 결과를 해석하지만, 그렇다고 해서 실험 결과가 이론의 오류를 입증하는데도 그걸 알

아보지 못하는 건 아니야.

자크: 넌 과학과 결정 과정의 이러한 유사성을 좋아하지 않아?

세라: 그래, 좋아해. 과학에서는 전체 이론의 일부를 이루는 중요 구성 요소가 완전히 오류인 경우, 전체 이론의 예측이 잘못된 거라고 확신할 수 있어. 구성 요소에 오류가 있는지 개별적으로 검증할 수 없는 경우에도 유효해. 우리 결정 과정에도 똑같이 적용할 수 있어. 도덕 가치는 우리 결정 과정에서 하나의 중요 구성 요소야.

밥: 자동차 이야기하듯이 말하네.

세라: 어떤 점에서는 그래. 도덕은 시디플레이어보다는 브레이크에 가까워. 살인과 같은 몇 가지 행동을 해서는 안 된다고 말하는데, 이는 결코 옵션 사항이 아니지.

밥: 그 비유는 이해가 된다. 하지만 우리 결정 과정이 어떻게 과학과 같아? 등식은 어디 있어?

세라: 우리는 즉각 대략적으로 결정을 내리는데, 이는 일상생활이 과학 실험에 비해 뒤죽박죽이고 통제가 안 되며, 일상적 사고방식도 과학에 비해 그다지 체계적이지도 명쾌하지도 않기 때문이지. 하지만 전반적인 원리는 똑같아. 물론 우리 결정 과정에 많은 실수와 결함이 있음을 이미 알고 있어. 허위 예측 하나 나오는 것쯤은 놀랄 일도 아니지.

밥: 무슨 허위 예측을 말하는 거야?

세라: 확실하게 잘못된 결정은 모두 허위 예측이었다고 할 수

있지. 가령 마녀를 화형에 처한 결정 같은 거.

밥: 그 얘기는 다시 꺼내지 말자.

세라: 어쨌든 결정 과정과 과학을 비유하는 건 여전히 유효해. 무엇을 해야 하는지 결정하는 데 있어 우리가 완전히 무능하지는 않으며, 이러한 결정은 우리 도덕적 믿음에 의해 정해지므로, 우리 도덕적 믿음이 완전히 틀릴 개연성은 거의 없는 거야.

자크: 세라, 도덕을 둘러싸고 온갖 양립할 수 없는 견해 차이가 나타난다는 점을 네게 계속 일깨워줘야겠니?

세라: 아니, 자크, 그럴 필요 없어. 그런 도덕적 견해 차이가 있다는 것은 곧 대다수(어쩌면 모든) 사회와 개인이 잘못된 도덕적 믿음을 얼마간(어쩌면 많이) 갖고 있음을 알려주는 거야. 그 점을 반박하지는 않아. 다만 내가 걱정했던 시나리오에 대해 반대 주장을 펴는 거야. 우리의 도덕이 진실과는 아무 상관관계가 없는 시나리오 말이야. 보통 인간들 사이에서 보이는 도덕적 견해 차이는 그런 시나리오가 성립될 정도로 아주 극단적이지는 않지.

록사나: 과학을 둘러싸고도 양립할 수 없는 견해 차이가 있어.

자크: 세라, 네게 말해둘 게 있는데 도덕적 진실에 관한 것이나 과학과 도덕을 비교하면서 말하는 내용 모두가 내게는 전혀 적절하지 않은 것처럼 들려. 도덕은 결코 차갑고 인간미 없는 그런 것이 아니야. 다른 사람을 배려하는 여러 방식에 관한 거라고.

세라: 사람들을 화형에 처하는 일 같은 거?

과학은 스스로 실수를 바로잡아 나가지. 이는 도덕에도 해당돼. 결국 도덕도 스스로 실수를 바로잡아 나가게 되지. 그래서 난 낙관적이야.

밥: 세라는 배려심 많은 사람이야.

세라: 배려심이 많은지 적은지는 모르겠지만 남이 뭐라 하면 더 반발하는 사람일 수는 있어. 자크의 말을 듣고 나니 도덕과 과학의 비유를 더 확대하고 싶은 마음이 들어. 결국 과학은 스스로 실수를 바로잡아 나가지. 이는 도덕에도 해당돼. 결국에는 도덕도 스스로 실수를 바로잡아 나가게 되지. 그래서 난 낙관적이야. 과학뿐만 아니라 도덕도 발전해 나갈 거라고 기대해.

밥: 예를 들면 어떤 거?

세라: 우리는 노예제가 나쁘다는 걸 깨닫게 되었어.

록사나: 좋든 나쁘든 세라가 많이 변했네.

밥: 우리 모두 그래. 정말 긴 과정이었지.

세라: 이렇게 긴 여정을 왔는데 상대주의는 여전히 아무 진전이 없어.

자크: 그건 네 생각이지, 세라. 내 입장에서 보면 상대주의는 계속 훌륭해지고 있어. 자, 너희 모두 알게 되어 정말 즐거웠어. 그런데 이 여정이 끝나기 전에 급한 볼일이 있어 기차 칸 저쪽에 가봐

야겠다. 록사나, 언젠가는 너를 논리의 속박으로부터 해방시켜 주고 싶어.

록사나: 마치 내 뼈대로부터 날 해방시켜 주겠다고 제안하는 것 같군.

자크: 세라, 과학이 모든 걸 설명하지 못한다는 걸 언젠가는 깨닫기를 바라.

세라: 자크, 과학이 모든 걸 설명하지 못하기를 바라는 사람이 왜 그렇게 많았는지, 언젠가 과학이 설명하게 될 거야.

자크: 밥, 다리가 하루 빨리 낫기를 바라. 너와 네 이웃이 눈과 눈을 마주보며 의견 일치를 보는 날도 오기를 바라고.

밥: 마녀와 시선을 주고받다니, 그런 일은 절대 없을 거야.

자크: 너희들 반응에 대해 해체 비평을 해주고 싶지만, 서둘러 가야 해서. 또 보자, 록사나, 세라, 밥!

세라: 잘 가, 자크!

밥: 안녕!

세라: 불쌍한 자크, 그는 세상을 결코 올바르게 이해하지 못할 거야.

록사나: 그의 입장에서는 늘 올바르게 이해하고 있어.

세라: 우리 입장에서 올바르게 이해해보려 노력하기도 했고. 거기서 실패하고 말았지만 말이야.

록사나: 그의 입장에서 보면 자기가 우리 입장에서 올바르게 이

해하고 있는 거야.

밥: 자크가 말한 '해체 비평'이 무슨 뜻이야?

록사나: 복수해주고 싶다는 뜻?

세라: 저기 좀 봐! 자크가 검은 옷의 그 여자랑 얘기하고 있어.

밥: 그 마녀?

세라: 그래, 그 여자.

밥: 그녀가 지나갈 때 자크의 머리카락 하나를 뽑았어. 자크가 넋이 나간 것처럼 보여?

세라: 그는 활기차게 이야기하고 있어. 그게 중요해? 지금 두 사람이 그녀의 가방 안을 보면서 웃고 있어.

밥: 불길한 징조야.

세라: 그녀가 넋이 나간 것처럼 보여.

록사나: 마침내 그가 자기 중고차를 살 고객을 찾았군.

세라: 그녀가 바가지를 쓰지 않아야 할 텐데.

밥: 차가 고장 나면 언제든 다시 기차를 타면 돼.

세라: 정말로 기차가 정각에 도착한 것 같아.

록사나: 아니, 일 분 늦었어.

세라: 어두워지고 있다.

밥: 기차가 속도를 늦추네. 곧 역에 도착할 거야.

세라: 방금 나무에서 날아간 저 새 봤어? 무슨 새였어?

밥: 부엉이 같네.

내가 옳고, 네가 틀려!
– '확신'을 '의심'으로 바꾸는 철학적 논쟁

지은이 티머시 윌리엄슨
옮긴이 하윤숙

1판 1쇄 펴냄 2016년 3월 4일
1판 3쇄 펴냄 2016년 11월 25일

펴낸이 심경보 | 펴낸곳 곰출판
출판신고 2014년 10월 13일 제2014-000187호
주소 경기도 고양시 일산서구 주엽로 156 907동 1502호(주엽동, 문촌마을)
전자우편 walk@gombooks.com | 전화 070-8285-5829 | 팩스 070-7550-5829

종이 삼영페이퍼
인쇄 · 제본 상지사 P&B

ISBN 979-11-955156-2-2 03100

이 도서의 국립중앙도서관 출판예정도서목록(CIP)은 서지정보유통지원시스템
홈페이지(http://seoji.nl.go.kr)와 국가자료공동목록시스템
(http://www.nl.go.kr/kolisnet)에서 이용하실 수 있습니다.
(CIP제어번호: CIP2016003764)